Au Pays Alpin

AU
Pays Alpin

(D'AIX A AIX)

PAR

ARMAND GRÉBAUVAL

PARIS

ANCIENNE LIBRAIRIE FURNE

COMBET ET Cⁱᵉ, ÉDITEURS

5, RUE PALATINE (VIᵉ)

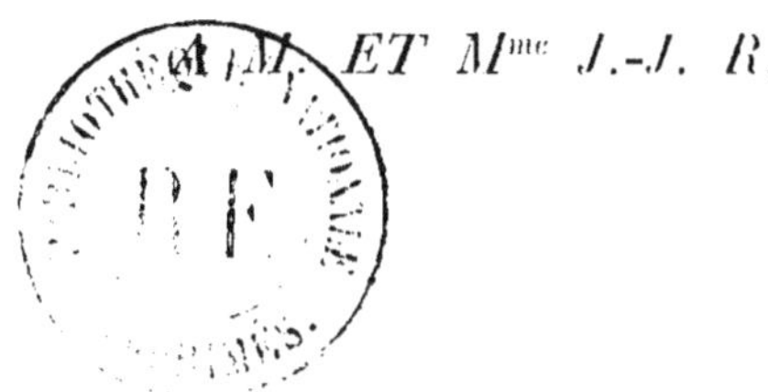

À M. ET Mme J.-J. R.

Chers amis, vous souvenez-vous de Chamonix, du Simplon, des îles embaumées dans la baie de Pallanza, et du farouche Galibier, et de la Chartreuse hermétique?... Nous avons passé ensemble à travers ces émotions. Nous étions à Digne et à Grasse, à la Salette et à Grenoble. Ce livre vous les rappellera, avec une pointe de douceur. Permettez-moi de vous le dédier, comme on offre un bouquet de fleurs cueillies fraternellement, sur le pré tendre, entre l'abîme et le glacier.

A. G.

Tresserve (par A.-les-B.), 10 août 1902.

AU PAYS ALPIN

(D'AIX A AIX)

LES NŒUDS DE L'ÉCHINE

I

VIA SAINT-AMOUR

Nous sommes trois dans le compartiment : un prêtre, un Anglais, moi. La portière marque : Paris à Venise, par Turin et Milan. On devrait nous faire descendre de ce rapide, si le précédent n'était parti bondé. Quelle belle soirée, pour quitter le Paris de la Fête Nationale encore encombré par les illuminations, les bals populaires, voire les saltimbanques!...

La prise de la Bastille, kermesse ou festa, rebond de la Foire aux pains d'épice, assure à ces braves gens l'avantage d'être délivrés des règlements de police, et d'exercer librement leur métier.

Depuis deux semaines, ils dressent leur tente, assourdissent les locataires, raccrochent les passants.

Depuis avant-hier, nous sont arrivés, du fond des départements, les parents de province conviés à la revue de Longchamp et au feu d'artifice des Buttes-Chaumont.

Depuis ce matin, le vrai Parisien enjambe sa machine, la conduit au premier embarcadère, la fourre aux bagages, et montre ses mollets aux faunesses de Fontainebleau et aux sirènes du Tréport.

Avant huitaine, ne restera aux Champs-Élysées que leur délicieuse intimité, où vagueront les ruraux, les étrangers, les députés et les besogneux.

Nous sommes couchés en triangle, dans un courant d'air. Le trajet sera banal, sauf de dérailler, télescoper ou faire panache. Dès Charenton, la locomotive m'entraîne à 75 kilomètres l'heure, traverse la forêt, brûle Montereau où fut tué un duc cruel, remonte une Seine invisible, stationne à Laroche le temps que change le mécanicien.

On court par des champs où les moissons se dorent, grimpe les vallées pleines de moulins, frôle Alise-Sainte-Reine au Vercingétorix colossal, et s'engouffre à Blaisy dans le tunnel qui mène du bassin de la Manche à la moutarde de Dijon.

Depuis cet été, l'itinéraire s'est modifié : on nous expédie par Louhans et Saint-Amour, ce dont ne profitent d'ailleurs, ni Saint-Amour, ni Louhans, traversés en pleine vitesse. Le ballast étant nouveau, nous glissons sans secousse. Sous le ciel devenu bas, la vaste plaine ressemble à une mer jaune. La Saône est franchie, en aval de Saint-Jean-de-Losne, puis le Doubs passe, sur un lit plaqué d'herbes et d'oseraies. Alors l'aube se lève indécise.

Maintenant le paysage se vallonne, s'ondule, s'attendrit. Les fermes bressanes sommeillent encore, parmi les hauts arbres et les herbages ratissés. A peine monte parfois d'une chaumine la mince haleine du foyer matinal. La pluie tombe, fine, pénétrante, plutôt taquine.

Les premières bosses du Jura surgissent derrière Louhans, que baigne la Seille. La vision est égayée toujours par les métairies, les pâtures, les ruisseaux. L'un d'eux est totalement nénufardé. Dans l'aurore grise, le long de la voie, bien sablée, clignotent les lanternes des disques, avec une langueur de lampes oubliées. Devant un passage à niveau, une bonne femme

clapote, sous un gros parapluie. Elle est seule, absolument
seule au milieu de cette étendue détrempée, aux belles routes
campagnardes.

Puis les bois surviennent, toujours plus mouillés, sans un
chant d'oiseau. La ligne Belfort-Lyon nous aiguille. Saint-
Amour passe, avec un petit square en son vallon silencieux,
avant de nous jeter sur Bourg endormi, où sonne l'*Angelus*, et
où le clocher de l'église de Brou semble veiller comme un mina-
ret sur le plateau étale et vert.

Trente minutes plus loin, la descente s'opère, vers des monts
nouveaux. Ambérieu oblige la locomotive à changer de marche.
Le voyageur, accoté dans un sens, doit permuter.

— Je suis éreinté, disait Calino ; j'ai passé ma nuit le dos à
la machine.

— Fallait demander à votre vis-à-vis de sacrifier sa place.

— Impossible !... J'étais seul.

L'Anglais et le prêtre passent de mon côté, moi du leur. Le
train enfile une échancrure. La montagne est presque nue, sinon
très haute. On emploie, de l'Ain au Rhône, un couloir creusé
par la coquette Albarine, qui meut des usines, irrigue des potagers, enrichit les gens. La voie et la route se tiennent compagnie. Elles gagnent sans effort le col insensible où un étang
verdâtre, marécageux, demi desséché, forme une plaque triste.

C'est le premier des étangs des Hôpitaux. Le second paraît
sur l'autre versant, exactement semblable, formé de la retenue
des pluies. Notre vitesse s'accélère. Rossillon passe, coquet, sous
une butte en promontoire, surmontée d'une madone. Le Séran
nous rejoint. A droite, s'écarte soudain la muraille. Les Alpes
surgissent, en avant, et la Savoie nous attire, au fond.

A Virieu-le-Grand, un railway file vers Belley, un tramway
chemine parallèlement. Le lac de Pugieu passe rondelet et
verdelet, au pied d'un mamelon. Culoz nous arrête.

Je descends me dégourdir. Une heure de flânerie me permettra
de visiter le village. En quinze minutes, j'en sais la médio-
crité.

Des colporteurs étalent leur bimbeloterie, sous des toiles fo-
raines, à l'occasion du marché. Pas d'animation. Ce peuple
laborieux vaque à ses affaires, simplement. Il ne crie, ni ne s'a-
gite. A peine sait-il que, là, près de lui, tant de gens se précipi-

tent vers quelque rêve ou quelque sottise, tandis qu'il musarde, bavarde, goguenarde.

Je reviens vers la station. Le long de l'avenue, chemine le petit Decauville d'une carrière. Un convoi lambin est formé, où je prends place.

Il franchit le Rhône, sur un long viaduc métallique. Le Jura s'évanouit, derrière la cime ronde du Colombier. Un marécage oblige à des pilotis, à des ponceaux, qui retardent la mise en service de la seconde voie. Il semble qu'on va couler dans la vase, avec les roseaux. A Chindrieux, les travaux sont terminés. Châtillon marque de sa borne féodale, bien détachée comme une grosse taupinière, l'aval de la nappe d'émeraude, d'azur, de douceur, de tristesse.

L'abbaye de Hautecombe surgit sur l'autre rive. Des trous de souris sont béants, où je plonge, dont je sors au pied de la Chambotte, devant la baie de Grésine, que rétrécit une digue. Après le rayon en S de la double courbe, tout le nord du lac se déroule, avec le bassin de Port-Puer et le Grand-Port.

Oh! Lamartine, elle n'est pas revenue s'asseoir, sur cette pierre, où tu la vis s'asseoir. Poète, si le flot gémit encore, c'est contre un remblai de chemin de fer, et si le roseau soupire toujours, c'est de voir le train mettre en fuite les grenouilles craintives. Aix-les-Bains, dix minutes d'arrêt, changement de voiture pour la direction d'Annecy et la Roche-sur-Foron!...

Patience, je ne partirai que demain, monsieur l'homme d'équipe qui faites le héraut. J'aime la petite ville, aux avenues touffues, aux établissements de luxe, Cercle et Villa des Fleurs, vivant côte à côte des formidables cagnottes, mais aussi de leurs charmilles.

Quoique tout y trempe céans dans une lessive diluvienne, l'orchestre de la Villa répète, dès le matin. A dix heures, on lui adjoint solis et chœurs. A midi, les déjeuners en sont bercés. Le concert d'après-midi émigre au kiosque principal. On dîne, pareillement tzigané. Tout ça console des ondées.

Les Romains avaient marqué ici leur empreinte; la ville moderne, oublieuse de Lucius Pompeius Campanus, indifférente au barde démodé, poursuit son destin d'amuser. A la « pension Chabert », un balneum antique fut découvert, où logea l'auteur de *Raphaël*.

— Voulez-vous voir le vaporium ?... Il était installé en bas, dans la cave.

— Voulez-vous vendanger la treille de Julie?... Elle mûrit toujours, sous la fenêtre à laquelle veillait l'amante.

— Non pas, je préfère connaître depuis combien de temps s'abat neuf, aux doigts du banquier, dans la salle du baccara.

On vient de révoquer un commissaire spécial, qui rançonnait la Fortune, et de recommander à son successeur de mieux sur- veiller les anarchistes. Les têtes couronnées sont souvent des têtes folles, qu'il faut défendre contre leurs propres imprudences. Le roi des Grecs est arrivé hier, sans tralala, incognito. Salut à Cosmopolis!...

Soudain, les nuages s'écartent, poussés par une main invisible. Entre la Croix-de-Nivolet et le Mont-de-l'Épine, les neiges du Grésivaudan s'illuminent et rougissent un instant, tel un front de vierge surprise en son voile. Aix rentre dans les vastes hôtels dont sonnent les cloches nourricières.

— Soupez-vous avec moi? J'arrive tout droit de Paris, via Saint-Amour.

— Impossible, cher, car je danse tantôt le menuet de *Ma-non*.

Et la ballerine, aux yeux noirs d'Italienne, s'éloigne de sa démarche souple. Elle relève sa robe blanche, saupoudrée de taches grises. Elle pose de petits pieds, chaussés de souliers décolletés, sur le macadam dilué. Un lourd omnibus d'hôtel passe au même moment, qui l'éclabousse.

Plus prudents que vous, ma mie, les oiseaux se sont couchés, ce soir, sans mouiller leurs jolies pattes.

II

Je me suis endormi, bercé par les flonflons du Petit-Casino et des Folies-Aixoises, concerts « à l'instar des Ambassadeurs et de la Scala ». Au réveil, le temps s'est complètement nettoyé. Au delà du lac, par-dessus la colline de Tresserve, la Dent-du-Chat, chicot étrange, se découpe à merveille. Le Revard, du côté de l'orient, est en pleine franchise. Profitons-en. Inutile de m'attarder. Je reviendrai d'Aix à Aix, après avoir parcouru les Alpes. En ce moment, il y a trop de fêtards, pour bien goûter le paysage.

En gare, sous le hall, stationnent cinq longues voitures, reliées entre elles, percées d'étroites fenêtres cellulaires, timbrées d'une seule inscription : « Compagnie Générale Transatlanti-« que ».

— Qu'est ceci? demandai-je.

— C'est le train d'émigration.

— Puis-je visiter?...

— Dépêchez-vous. Il n'y a que trois minutes d'arrêt, pour la locomotive.

Et défense, de descendre avant les quais du Havre. Tassé dedans, en loques, le bétail humain couche pêle-mêle, femmes, enfants, hommes. Un fournisseur tient comptoir de pain sans sel, de mortadella, de parmesan, de rizzoto et de vin noir. Ainsi, le convoi, portières closes, traverse les Alpes, la Savoie, la Bourgogne, Paris, la France entière, sans permettre aux tristes voyageurs de rien toucher, de rien demander, de rien apprendre, car ils se raviseraient peut-être.

— Je croyais qu'on interdisait maintenant ces façons négrières?

— Aussi le train ne circule-t-il plus que trois fois par semaine.

Quelques-uns reviendront, avec pécule, dans un an ou deux. C'est une industrie compliquée de fraude et de mendicité. L'autre fois, le consul italien de Hambourg vérifia les demandes de rapatriement. Sur plusieurs centaines de postulants, pas un n'avait moins de trois cents francs d'économie.

Je n'en regarde pas moins avec mélancolie s'en aller cette prison ambulante, tandis qu'on nous aiguille vers Annecy, en un « omnibus » lambin, mais confortable.

Tracée du Rhône au Rhône, cette ligne de Valence à Genève par Grenoble, Chambéry, les deux Savoie, est une surprise et une audace, sinon un raccourci.

Nous remontons le vallon du Sierroz. J'y reconnais, après un pont, le défilé de la jolie rivière, sous les noisetiers. La petite chaloupe à pétrole commence son service, et la vieille roue du moulin est un joujou. Cependant, nous longeons la Deisse, dans la pureté du matin.

La montagne de Corsuet masque le lac, se festonne en prés, s'étage en vignes. Albens doublé, Saint-Félix se cache. Là-bas, en 1802, — le siècle avait deux ans — naquit Dupanloup parmi les forgerons dont résonne le labeur. Son cœur est enfermé dans l'église, derrière une plaque de marbre. Sans doute apprit-il ici à battre le fer, lorsqu'il est rouge. Aussi la Papauté faillit-elle, un beau jour, être prise entre Veuillot et lui, comme entre l'enclume et le marteau.

A présent, dominant les coteaux de Saint-Sylvestre, paraissent le Semnoz et la Tournette.

Au confluent du Chéran et de la Néphaz, Rumilly fut capitale de l'Albanais. Louis XIII, en 1630, lui consacra ses meilleures troupes. Annecy et Chambéry avaient capitulé. On l'annonça aux gas du bourg. Têtus et retranchés, ils répondirent : « Qu'importe ! »

E capoë !... Ils ne cédèrent pas davantage, en 1690, à une seconde armée française, ni en 1742, à une attaque espagnole. Ainsi s'affirment les énergies, à l'école du patois. On me cite, comme illustrations locales : un cardinal Maillard de Tournon, qui fut patriarche d'Antioche ; un chevalier de Motz de Lallée, qui fut général chez Hyder-Ali, roi des Mahrattes ; un major Rubellin, qui s'enferma dans Auxonne et le garda à Napoléon ; un missionnaire enfin, Mᵍʳ Truffey, vicaire apostolique des Deux Guinées. Pour le moment, au passage à niveau, une cohue s'amuse, près d'un orchestre improvisé.

Nous ne dérangeons même pas les danses. Le député de la circonscription descend. Les voituriers crient :

— Val-du-Fier, voyages circulaires, par ici !...

Je regarde poindre l'ancienne Visitation, la caserne, la tour carrée, l'Hôtel de Ville. Le Chéran coule encaissé, sous l'orbe d'une arche pavoisée de petites oriflammes. Soudain, à un brusque détour, un gouffre se creuse, d'une sauvagerie étonnante, au milieu des herbages et des fermes.

Entre deux murs à pic grondent les vagues vertes, ou glauques, ou blanches. Des arbres y penchent leurs panaches, des graminées y retombent en draperies fraîches, des oiseaux aux larges ailes y bâtissent leur nid. Ainsi le Fier s'offre, s'éloigne, se rapproche, se joue sous ses falaises.

Des maisonnettes meunières se sont casées, défient les crues, inquiètent et empiètent sur cette rigole. En plein granit, route et railway la franchissent de concert, sur des ponts très amusants. On ne la soupçonnerait guère, à voir la campagne incurvée entre les monts, cultivée avec goût, quasi normande.

Cependant les villages deviennent plus rares, avec des castels. Dans le clocher de Marcellaz fut cloué au mur le crâne du sire de Montfalcon de Rogles, pendu pour avoir occis un curé qui défendait la vertu d'une jolie fille. Les viaducs, tantôt de pierres, tantôt métalliques, se multiplient. Je saute d'une portière à l'autre, comme le train de rive à rive. Enfin la rivière fantastique se bat en une crevasse, et nous filons sous des tunnels.

L'ancienne halte, désormais munie d'une salle d'attente, porte, avec celui de Lovagny, le nom de « la gorge » que les aquarelles d'Hugo d'Alési reproduisent, et que, lors d'un voyage antérieur, j'avais été condamné à admirer sur photographie, en raison d'une crue effroyable. Je me la rappelle, en remontant la sente ombragée, le long de la voie ferrée, vers la paroi que couronnent le donjon et la tour du castel de Montrottier.

Défendu par la « Fosse-du-Fier », lit primitif, il domine le mur calcaire, où toute la colère du torrent passe maintenant, sur un longueur de 250 mètres, à une profondeur de 90 mètres

Les Gorges du Fier.
(Photographie du Syndicat d'initiative de la Savoie.)

dans un couloir qui parfois n'en a pas quatre de large.

— Je me souviens, Monsieur; le Fier, en ces moments-là, monte de cinq ou six mètres à l'heure, quitte à baisser ensuite avec le même empressement.

En cet automne 1896, il poussa la rage jusqu'à arracher l'étroit balcon de fer. On l'a rétabli. Moyennant un franc d'entrée, prix classique, les dames élégantes pénètrent dans le vertige, sans salir leurs escarpins, car, depuis 1869, l'architecte Marius Vallin y cramponna sa galerie foraine. Même avant le Trient et le Gorner, elle a sa grandeur.

Au fond, le torrent bouillonne, caracole, forme des remous, crache des embruns. Très haute, très étroite, la tranchée restreint la vision à une bande de ciel bleu, qui a l'air découpée dans du papier gris. Le hameau s'est bâti, sans s'occuper de cette folle ornière, que deux ponceaux enjambent, l'un pour la route, l'autre pour le chemin de fer. Aussitôt après, elle s'évase en « une mer de « rochers ». Puis le Fier s'en va, toujours furieux, toujours grondant, sous un bloc erratique, à peine équilibré.

Monterai-je à ce château du xiv" siècle, amusant aux yeux, bien encadré de verdures?...

Une des tours est le « le Pavillon des Religieuses ». Dans le Grand-Donjon il y a « la chambre de l'alchimiste et « la « prison de la Pucelle ». Le logis comprend « la salle des Che-« valiers ». C'est aménagé, catalogué, illustré. Non, je reviens à mon « bois du Poète », où chantent les oiseaux.

On a construit, à l'entrée, des guinguettes, dont les gargotiers se concurrencient âprement. La plus cotée, celle du fermier, vend les tickets, des cartes postales, le bric-à-brac des souvenirs habituels. Je préfère l'autre bicoque plus modeste, en amont, là où le Fier s'abat, par une cascade sonore.

Le déjeuner n'est pas mauvais, servi sous une tonnelle. Devant soi, on a les cimes lointaines. A dix minutes, on a la halte. A discrétion, on a le vin. C'est un cru clair, sentant la pierre à fusil, comme nous n'en buvons, ni à Suresnes, ni à Joinville-le-Pont.

La Savoie possède des vignes, dont la récolte serait abondante, si le soleil les caressait davantage.

Mais l'astre reste capricieux. Il brille céans, parmi les nuages aux ventres roses. Le retrouverai-je là-bas, sur les crêtes et dans les vallées?

Seule, la clameur du gouffre répond aux appels du restaurateur, qui se donne l'illusion du surmenage. Je perçois le bruit sec,
régulier, d'un merlin de cantonnier. Masqué comme un chauffeur
d'automobile, il casse des cailloux, près le pont des Liasses,
pour écorcher les belles bottines des dames d'Aix et crever les
pneus des bicyclistes.

III

L'EAU QUI DORT

Cinq minutes de train vous transportent à Annecy, par des viaducs, des tunnels, des bois aux reflets bronzés. Moins à l'étroit, le Fier nourrit des truites et débite des planches. Les cimes se sont rangées autour du cirque. Combien de touristes daignent pousser jusqu'à cette petite ville innocemment exquise, que je veux aborder par un détour meilleur !...

Plus de lourds omnibus menant au bateau de Doussard. Depuis juin 1901, le chemin de fer dessert directement Albertville. J'y monte.

Une courbe, à travers prés, coupe le canal du Thiou, puis des ruisseaux bordés d'oseraies, avant de pénétrer sous le Crêt-du-Maure, premier échelon du Semnoz. Nous en sortons à la Puya. Chaque année, à la Pentecôte, les pompiers d'Annecy y viennent à « la vogue ». Nous sommes en plein sur le lac.

Il est d'un vert bleu, ceint de monts silvestres, dans toute sa splendeur, dans toute sa largeur, de trois kilomètres et demi sur quatorze de long. Il gela quatre fois en quatre siècles. Il couvre 2.800 hectares, moins vaste que celui du Bourget, agrémenté de villages dont les aspects varient.

A Sévrier, la maison Domenjoud rappelle la blonde Doguine et la brune Tontine, sœurs Loyson, étoiles du Paris au XVIIe siècle, chantées par Regnard.

Puis nous traversons le marécage de Saint-Jorioz, colonie romaine, cité lacustre. Un souterrain coupe le promontoire de Duingt. A La Thuile, je suis au Bout-du-Lac, près de l'embarcadère. Ici, les flots grêles battent mes pieds, le vent fait pleurer les roseaux, la course se termine devant deux auberges.

Sur la route blanche, elles forment hameau. Au sud, la rive

s'abaisse, avec la vallée de l'Eau-Morte, que remonte le train,
vers Doussard. A droite, le Charbon a 2.186 mètres ; à gauche la
Dent-de-Cons en a 2.068. Les chicots font un décor en scie, très
hautain, où des ours grognent encore, dans la forêt préhistorique.

La cabaretière me sert un potage, deux œufs sur le plat, du
fromage et des confitures de coing.

Un ferry-boat siffle, arrive, évolue, rembarque, et s'en retourne. Le *Mont-Blanc*, bateau-express, restaurant à bord,

Lac d'Annecy.

exerce encore le ministère postal. Tandis qu'il remonte la rive,
le panorama se déroule.

A la base du Semmoz, sévère, grisâtre, une première falaise,
cache la combe latérale d'Entrevernes. Ce Righi de la Savoie a
1.704 mètres, avec hôtel, sans funiculaire. Sur la rive Est au contraire, les monts plantés, plaqués d'herbages, sont à pic, avec
la Tournette aiguë, à 2.357 mètres. En face, tout semble se ter-
miner par le rapprochement du Roc-de-Chaire, contre la pointe
de Duingt, où le talus du railway complète l'étagère des vignes.

Les propriétaires ayant fiché des pilotis, les ceps poussent
jusque sur l'eau claire. La vieille tour carlovingienne termine le
château restauré. Sur cette presqu'île de romance, ses ardoises
bien lavées reluisent, parmi les feuilles.

Un coup de barre nous renvoie à dextre, sur l'autre berge. Le
Roc-de-Chaire y tombe d'un coup, sans transition. Une grotte
affleure. Les ombres de J.-J. Rousseau et de Lamartine errent
le long de ces grèves, où nos gens de lettres ont passé des vacances fécondes.

A Talloires, je note des villas, dont celle d'André Theuriet,
avec une abbaye bénédictine, élevée par Ermengarde, femme
de Rodolphe III, roi de Bourgogne.

A Menthon, l'ancien château vit naître saint Bernard, et on y
montre sa chambre, la fenêtre par où il a fui le mariage, le granit où ses pieds sont empreints. Mais l'établissement thermal
est modeste, sous la colline où dort Taine, en un mausolée à
peine visible, ombragé d'ifs. L'historien, dont la veuve habite
encore le logis, s'est emparé du site, comme Chateaubriand
du Grand-Bé. Les Jacobins l'y oublient, les passants le regardent,
et son ombre peut converser avec celles des fantômes pieux,
sous les charmilles où vont à petits pas quelques rhumatisants.

A Veyrier, les spéculateurs commencent à lotir le rivage. Au
nord, Annecy-le-Vieux se cache, avec la fonderie dont sortit
la lourde *Savoyarde* montmartroise. Le 3 août 1857, y décéda
Eugène Sue, proscrit et désabusé. Du côté de la vallée du Fier,
un tramway à vapeur relie Thônes.

Quand l'Empire s'annexa Annecy-le-Jeune, son premier soin
fut d'y édifier sur la grève une orgueilleuse préfecture, toute
blanche, avec la tache de deux cyprès coniques et l'appui de
deux pavillons domestiques. Ses fenêtres régulières contemplent
le paysage de douceur et de mélancolie. J'envie le fonctionnaire installé céans. Comprend-il que la politique contemporaine
ne ride guère plus la face de notre histoire que ce vent léger,
passant sur la nappe transparente où les cygnes dressent leur
col flexible, en point d'interrogation?

Que manque-t-il à cette ville?...

L'eau, où elle se mire, est saphir ou turquoise, selon l'heure.
Elle se découpe en baies, en pointes, en plages. Le Jardin des
Plantes avance, coquet dans sa margelle hémicirculaire, aux
balustres de fer, entre les deux canaux proprets : celui de
Vassé, qui finit en cul-de-sac, et celui du Thiou, qui déverse au
Fier le trop-plein. L'esplanade du Champ de Mars, les hauts
arbres de l'avenue d'Albigny, le monument départemental,

ont la grande allure. A gauche, la place aux Bois, le portique avec escalier de Saint-Joseph, le roc du Château surtout me séduisent. Un Casino se dressera, tôt ou tard, là où les laveuses battent leur linge, agenouillées.

Si j'avais une barque, je voudrais aborder l'ilette, corbeille ou bosquet, qui sort du miroir, à cent cinquante mètres du bord, accessible seulement aux oiseaux, aux nageurs, et aux canotiers. Une statue de bronze évoque l'existence de feu Berthollet. A la pointe, la rose des vents fut sculptée dans le marbre par un moine du cru. Annecy, qui donna le jour à un grand chimiste, finira bien par devoir sa prospérité à un grand poète ou à un grand croupier.

Derrière le jardin se carre l'hôtel de ville Louis XIII, plus cossu que pittoresque. Auprès, le buste de feu Sadi Carnot rappelle qu'il fut ingénieur des ponts et chaussées, en Haute-Savoie. Contre le socle, s'assied une femme trop blanche, éployée et béante. Je passe. Voici le bijou : les vieilles prisons des ducs de Nemours, toutes petites, en un petit îlot pointu, où le courant du canal se partage, retenu par les vannes.

Le chevet de la chapelle forme proue. Mon « guide » les dit « appelées à disparaître ». Ce n'est qu'une ruine pittoresque, le Palais de l'Isle, que le président Favre illustra. Je me hâte. Erreur!... Quatre ouvriers taillent des pierres, cimentent, restaurent. Un batardeau permet de reprendre en sous-œuvre l'oratoire rongé par les infiltrations, dont le toit laisse passer la pluie, contre les murs duquel s'écaillent encore des fresques. Bravo!...

Annecy est charmant, de ce côté. Une ruelle longe l'onde lente, avec des formes flamandes. Ce couvent, c'est la Visitation, berceau de l'ordre fondé par François de Sales et Jeanne de Chantal, qui y furent ensevelis côte à côte, et dont l'autel vit abjurer Mme de Warens. Même sécularisé, le monastère figure bien. Puis je tombe dans les rues aux arcades trapues, surbaissées, qui me transportent à Morat, au sortir de Bruges.

Quel dommage d'avoir installé cette caserne là-haut, dans le château fort!... Les murs solides, les tours carrés, les toits aigus, la porte moyen âge en sont interdites, mais le clairon y sonne clair, pour le pays, cependant qu'en face, sur la colline, tinte l'heure des offices auxquels assista J.-J. Rousseau.

On comprend l'*Introduction à la vie dévote,* dans cette cité si calme, si grise, si douce, près de ce lac si paisible, en ce cirque presque érémitique. La foi devait y être contemplative et pacificatrice, et s'épanouir en vocations délicates, abritées de l'orage, cachées du soleil.

Annecy, simple bourgade gallo-romaine, fut, au xe siècle, capitale du comté de Genève, puis évêché. De 1602 à 1622, François de Sales, le doux saint, y porta la mitre. Deux ans auparavant, les troupes de Henri IV y étaient entrées, et, huit années après, celles de Louis XIII s'en emparèrent.

François de Sales et Antoine Favre, un quart de siècle avant Richelieu, y avaient créé une « académie française ». En 1703, vinrent les soldats de Louis XIV. Nous le reprîmes, en 1814, aux Autrichiens. Sa libre volonté nous l'a définitivement donné. Pouvait-il logiquement être à d'autres ?...

En fait, on croise des automobiles et se gare devant le tramway de Thônes. La flotte du lac prospère. Peu à peu s'efface le souvenir des tendresses mystiques, pendant que les rudes godillots des troupiers foulent le pavé où l'herbe ne pousse plus.

La rue Royale, rectiligne, commence à l'avenue d'Albigny, devant le théâtre. Elle compte deux cafés-concerts, les hôtels principaux, des magasins plus ou moins clairs. On n'y bâtit ni villas, ni family-house, ni rien qui retienne l'Anglais migrateur. Je pourrais y rechercher le collège chapuisien, dont le parrain fut Eustache Chapuis, conseiller de Charles-Quint.

Il est tard. Les feuilles tourbillonnent sur les gazons plus lavés. Déjà Annecy obtient sa voiture spécialisée, pour Paris. Dans dix ans, le Casino projeté sera construit sur le Champ de Mars. Comme on chante en provençal, autour des fontaines :

> Aigo que courre
> Fa boun mourre.
> Aigo arrestado
> Empouisounado.

(L'eau qui coule est bonne à boire ; l'eau qui dort est un poison.)

Il faut marcher selon son temps. Demain, le râteau du tapis vert raflera les louis d'or, et un baccara diabolique en finira avec François de Sales, Jeanne de Chantal et la mère de Blonay.

IV

D'Annecy à Annemasse, la ligne a son point culminant à la station d'Évires. Le pays est toujours vert, toujours fertile, toujours dominé. Les montagnes affectent de la coquetterie, et la Tournette désire être regardée. Elle se montre de face, puis de côté, de dos, un dos où des sentiers dégringolent, où des coulées forment cicatrices.

Dans la chaleur du beau soleil, les villages s'étirent, fenêtres ouvertes, jolis et clairs. Les clochers ont des manières vaudoises. Ces noms en *az*, en *oz*, en *ex*, se retrouvent du côté de Lausanne et du Bas Valais. C'est bien la même race, qui vécut à l'entour du Léman, que la religion sépara. La voie ferrée présente donc un intérêt stratégique, reconnaissable au soin avec lequel elle fut construite.

Les terrains sont acquis pour quatre rails. Viaducs et tunnels ont au contraire le gabarit de la voie unique, de même que talus et tranchées. Je m'en amuse : on dirait un joujou de parc anglais, tant l'infrastructure est précieusement ratissée, tant l'herbe des remblais est fauchée correctement.

La petite locomotive nous y enlève sans effort, d'une marche régulière, stoppant, démarrant avec un coup de sifflet, que l'écho répercute, à travers les sommets, les gorges, les collines.

Dès Annecy, elle remonte brusquement vers le nord, et le Fier reparaît. Toutes les gares comportent la présence de douaniers, veillant aux intérêts du fisc : Brogny, Pringy, Argonnex, Charvonnex. Nous suivons à présent la Fillière, et nous atteignons Groisy-le-Plot-la-Caille.

A cinq kilomètres, croule le château de Thorens où une sacristie et une chapelle attirent les ouailles. Dans la première, en 1567, naquit l'enfant frêle qui fut saint François de Sales. Les fermes sont éparses, sur le plateau que coupe la rivière, au milieu des bosquets et des gazons.

La machine anhèle, et des excursionnistes chantent, avec un accent patoisant, qui ne manque point de couleur. Un dernier effort nous hisse à Évires. Dans une baraque, opère une scierie. Je lis : altitude, 767 mètres. Le tunnel de la Borne, long de 1.577 mètres, me précipite aussitôt sur le bassin du Léman.

Est-ce lui qui attendrit tout en bas la limite de l'horizon ?... Nenni ! C'est la vallée du Foron, vaste coulée vers laquelle évolue une boucle allongée et revirante, audacieux et long lacet, qui étage sur un seul versant trois lignes : la nôtre, la nôtre encore, et celle de Chamonix.

La forme du Salève se dessine sur Genève, avec ses deux bosses, derrière moi. Devant, j'ai le Môle. Les Voirons forment mur à gauche. Soudain, tout pivote : le Salève est devant, le Môle est derrière, les Voirons sont à droite, notre voie repasse à gauche, et un train époumonné grimpe parallèlement, parti de la Roche, dont le clocher, les maisons, la gare sont en bas.

A Saint-Laurent, nous tournons contre la chaîne. Les plaques de neige sont proches, si proches qu'on a envie de les toucher. L'Arve survient, glauque. J'ai accompli une courbe parfaite, et suis à la Roche.

Ce gros bourg de 3.318 habitants, mi-perché sur le Foron, paraît au pied de la Pointe d'Andey. Des ruines marquent l'emplacement d'un château du XIIᵉ siècle. La population, solidement française, s'agglomère contre le mamelon, autour d'un clocher pointu et d'un donjon tapissé d'arbustes, au bord du ravin qui la sépare de la colline Saint-Sixt.

Au IXᵉ siècle, les comtes de Genève y possédèrent un rendez-vous cynégétique, qui devint le castel où la comtesse Béatrix tint un siège. La tour lui est postérieure. Ce roc justifie le nom du pays.

Devant la gare, se pose une grosse ferme rouge et blanche, à porche cossu, à échauguettes, rectangulaire.

Ici finissait autrefois le transport rapide — ô combien omnibus !... — vers le mont Blanc, et vous reprenait la berline. Le railway fut poussé jusqu'à Cluses, puis jusqu'à Saint-Gervais, enfin jusqu'à Chamonix. Je laisse mon train suivre son destin vers le Léman. Une minute, j'espère entrevoir ses eaux bleues, tout là-bas, contre le rempart rectiligne du Jura. Ce n'est que la banlieue de Genève, dont une brume monte, à mesure que le soleil baisse vers la Faucille, vers l'Occident.

Les grandes ombres s'élargissent, de la montagne dans le vallon. Un viaduc domine un joli crochet de route, encadré de verdures, encadrant le tableau. Puis passe un tunnel, d'où nous dévalons à l'Arve.

Des pins furent semés, à travers des éboulis. Les collines portent des châteaux. A Saint-Pierre-de-Rumilly, un court arrêt laisse monter des paysans. A présent, nous sommes dans le fond, près du vaste torrent où mugit la colère de toutes les neiges fondues, fortement corseté de digues. Malgré elles, les tourbillons se créent des issues et rejettent du limon.

Mais une ville montre ses maisons, dont certaines ont tournure ancienne. Un pont métallique enjambe. On est à Bonneville, localité paisible, sans histoire et sous-préfectorale.

Au-dessus, le Môle s'isole des grandes Alpes, cultivé très haut, belvédère ou sanatorium.

Je distingue une vaste bâtisse barbouillée de vert, un boulevard vers la ville, un pont de pierre, une avenue riveraine, enfin une coquette propriété sur colline.

L'ex-capitale du Faucigny a moins d'habitants que la Roche-sur-Foron, simple canton. L'annexion lui laisse les franchises que spécifia le traité de 1815. On n'y perçoit pas de droits de douane, ni ne doit y entretenir de troupes. Néanmoins un demi-bataillon réside à Thonon, et Bonneville compte bientôt en avoir l'autre moitié.

Bonneville a aussi une foire, qui se tient précisément. On y vend des animaux, y arrache des dents, y entend chanter la complainte de Fualdès devant une toile où sont brossées les scènes du meurtre. Une affluence relative circule sur la place, dans l'ombre des gros marronniers, qui abritent également le terminus du tramway d'Annemasse. Ces trams circulent, à forte vitesse, le long des routes poudreuses. L'originalité est d'apprendre qu'ils sont exploités par une Compagnie Économique du Nord.

La ville néanmoins a beaucoup perdu. Si j'en crois mon hôtelier, ses aïeux y ont gagné leur fortune, dans la maison curieuse, à l'enseigne de la Couronne, ex-couvent de Barnabites, dont l'ex-chapelle sert de remise. Au temps des diligences, c'était la principale étape, de Genève à Chamonix.

— J'ai eu les enfants de Louis-Philippe, me dit-il, et le prince Jérôme Napoléon, et des landlords, et des marquis.

De tant de gloire, il porte le deuil. Son pas résonne, lugubre, sur les dalles des larges corridors. Il semble l'âme errante d'un passé défunt. Toutefois ses chambres sont propres, leurs fenêtres ouvrent vers la campagne, et la cuisine reste excellente.

— Vous voyez, me dit-il, nos quatre salles à manger. Eh bien, une Altesse y déjeuna avec les cochers, faute de place. Maintenant, on file en wagon direct. Oh! ce sénateur!...

Le sénateur obtint le chemin de fer. Il a son buste, sous les charmilles, au bord de l'Arve. En face, une stèle nue commémore les combattants de 1870-71. Sur l'autre rive, la statue du roi Charles-Félix coiffe une colonne, dont la grille sert de séchoir aux lavandières. Mon interlocuteur les regarde secouer leur le linge dans l'eau rapide, et conclut :

— Tout ça n'est encore pas le plus triste, Monsieur. J'étais ici, le matin du 12 juillet 1892. Comme ce soir, il n'y avait pas eu de pluie, ni d'orage; pourtant la rivière était énorme, et elle grondait, et elle roulait des arbres, des boues, des planches, des meubles meurtris, des poutres arrachées. Personne ne savait, n'y comprenait rien. C'est moi qui ai reconnu Saint-Gervais, à un morceau du Grand-Hôtel. Une heure après, on télégraphiait de Sallanches la catastrophe.

Disparaître en un cyclone, ô Bonnevillois, cela vaut peut-être encore mieux que de s'endormir à jamais, d'un sommeil sans rêve, aux abois des chiens qui hurlent à la lune.

V

S'il contrarie les maîtres de postes, le railway transporte en
Faucigny sans interrompre la fenaison : les gerbes s'entassent
et parfument l'atmosphère, alourdie par un soleil cachottier.

Un torrent est à sec, un autre fonctionne, une rivière débouche
d'une coupure. Canalisé partiellement, c'est le Giffre. Les rails
du tramway rejoignent ici les nôtres, faisant de Marignier une
gare commune.

Les montagnes se redressent, balafrées de ravines brutales,
parfois tachetées de neige. A droite, monte la route de Bonneville à Brizon, puis celle de Cluses à Nancy-sur-Cluses. A gauche, serpente celle de Cluses à Taninges. Cluses enfin a bel
aspect, ressuscitée en un coquet damier.

L'église provient d'un couvent de Cordeliers, réédifié en
1702, dans quoi s'est logée la mairie. L'école d'horlogerie, face à
la gare, est banale. Au passage à niveau, je remarque des logis
solides, un coin de place ombragée, le dessin d'un gros bourg,
mi-paysan et mi-ouvrier.

De l'autre côté de la falaise de Chevran se présente « la cluse
« de l'Arve », défilé sans grandeur, entre les monts du Reposoir et
la pointe du Colloney. Puis la voie, par de beaux alignements,
suit le torrent, d'une montée peu sensible. A peine la vallée se
resserre-t-elle un instant, près de Balme, où se visite une
grotte.

A Magland, qui n'est pas anglais malgré sa désinence, on
vous montre le profil du feu roi Louis-Philippe, dans les rochers.
Les sources, trop-plein du lac de Flaine, deviennent aussitôt un
large ruisseau domestique. J'ai autour de moi la Pointe d'Arreu,

la Pointe-Percée, les Aiguilles de Varens. La cascade d'Arpenaz passe. Le sifflet de la locomotive se répercute, se prolonge, s'affirme, tandis qu'on longe cette route silencieuse où claqua jadis le fouet des postillons. Brusquement, le mont Blanc surgit !

Encadré dans toute sa splendeur, avec ses cimes au complet, il est encore à 50 kilomètres, assez proche pour ne pas s'effacer, assez loin pour ne pas s'écraser, illuminant Sallanches de son resplendissement.

Je n'ai pas le temps de visiter cette petite ville de 2.143 âmes, également dépossédée de son roulage séculaire. Contre la station, des vagonnets pourrissent à vrac. Une ballastière creuse un petit lac d'émeraude, après avoir fourni en gentil gravier une assiette solide et propre à la voie ferrée. Sallanches jadis fut stratégique et féodale. Qui s'en douterait ?...

Brûlée en 1419, ravagée par François Iᵉʳ en 1536, incendiée derechef en 1840, elle n'est plus moyen-âgeuse pour un sou. Elle a même érigé, à la gloire de la Révolution Française, une statue de la Paix, par Cambos. Des « cars alpins » y prennent la route superbe, qui gagne Albertville par Fiumet et les Fontaines d'Ugines. Il me reste une lieue et demie, à couvrir en sept minutes.

A Domancy, le mont Blanc se cache. Mes regards redescendent aux prairies tendres, où ruminent les bonnes bêtes laitières, où une cinquantaine de chalets pastoraux paraissent des jouets sur un tapis de reps, où s'essaiment de beaux arbres bossués par le gui. Tant de fraîcheur, en un tel cadre, donne l'impression d'une berquinade jouée devant des géants.

Mais un effet d'optique fait arriver l'Arve d'une gorge boisée, en face, alors qu'elle descend au contraire sur la gauche, à angle droit.

— La Fayet-Saint-Gervais ! crie l'employé.

— Tiens, l'Métro !...

Trois voitures neuves composent le convoi. Celle de tête est un fourgon automoteur, où se tient le wattman, ayant cinq freins divers sous la main. Un troisième rail amène la force. La ressemblance est évocatrice et frappante, moins le souterrain sombre, puant la créosote.

Au grand air, en pleine nature, les deux trains sont côte à

côte, l'un noir de suie, l'autre vernis et clair. Tandis que se transbordent les malles, à peine ai-je le temps de regarder Saint-Gervais, aux flancs de la gorge du Bon-Nant. Oh! l'ironie de ces deux noms!... oh! lendemain des tragédies!

Ce même torrent fut l'acteur décisif de l'effroyable drame, en cette nuit des 11 et 12 juillet 1892, déjà citée.

Le glacier de Tête-Rousse contenait une poche d'eau. L'abcès creva. La masse énorme descendit alors, et atteignit le torrent de Bionnassay, qu'elle doubla, tripla, quadrupla, fit rugir et déborder.

Puis elle emplit la jolie vallée, si verte, si fertile, si paisible où les lumières étaient à peine éteintes, le piano refermé, la sauterie et le whist finis.

Sur Saint-Gervais familial et matrimonial, flirt et cotillon, nid et réduit, nul ne veillait. La trombe se rua. En trois minutes, bains, hôtel, chalets étaient effondrés, écrasés, enlevés, dispersés, balayés. Une centaine de victimes disparurent, baigneurs et employés. Après quoi, les hydrographes furent très explicites : le même phénomène avait déjà eu lieu, et il se réproduira.

Nul ne semble aujourd'hui s'en souvenir. Les morts ensevelis, la compagnie a réédifié, sur un terrain moins périlleux, étant plus élevé. La colonie estivale grimpe pareillement, éparse au gré des pentes. L'établissement thermal forme décor, avec sa terrasse balustrée. L'hôtel utilise ce qu'épargna le cataclysme. Il n'est pas plus question du passé que de l'obscur garçon coiffeur qui compromit vingt fois sa vie, à vouloir arracher au gouffre ses victimes.

Il fallut une campagne de presse, afin de lui obtenir la croix. Qu'est-il devenu?... Il rase, coupe, frictionne sans doute en quelque autre station, marine ou alpestre, avec son ruban rouge.

Autrefois nos pères, gens de précaution, placèrent le vieux village à une petite lieue en amont. Hors de toute atteinte, il sert aux cures climatériques, au milieu des vergers, au flanc du Prarion. Une statue de la République lui fut donnée par ceux de Paris, et ceux du cru en offrirent le piédestal. Entre les bains et la commune, le Bon-Nant forme l'inoffensive cascade de Crépin, et une route mène en deux heures aux Contamines, à 1.197

Saint-Gervais-les-Bains, avant la catastrophe.

mètres, sur le chemin muletier de Chamonix à Courmayeur.

Cependant, là-bas, là-haut, sur le versant ouest de l'aiguille du Goûter, le petit glacier de la Tête-Rousse emmagasine derechef les forces inconnues, mystérieuses, qui détruisent en un instant l'œuvre des architectes, qui guérissent d'un seul coup la clientèle des médecins. On leur creuse céans un tunnel, comme on leur poserait un séton. Si jamais cédait encore la croûte protectrice, que resterait-il également du railway?...

Depuis fin juillet 1901, les grands chars à bancs, où je gravis jadis la route classique, sont allés rejoindre les « correspondances » de Cauterets, du Mont-Dore, d'Etretat, dans le hangar de quelque brocanteur. Fini, le temps où les cochers se battaient, poussaient des cris sauvages, vous jetaient sur leurs banquettes!... P.-L.-M. les mit d'accord, en construisant, à un million le kilomètre, par la main-d'œuvre de trente mille Piémontais, en moins de trois années, la plus belle ligne électrique et funiculaire de France.

Le signal donné, la foudre docile fait du travail utile avec ces ondes savonneuses. Nous filons au nord, vers l'entaille sombre, vers la rive droite de l'Arve. Une route nous y accompagne. Nous retrouvons les prés, les hêtres, les vaches grasses. Une cascade se montre, peu puissante. Ensuite, c'est un fouillis de toits rouges, où aboutissent de gros tuyaux noirs, où se fabriquent des produits chimiques. Je suis à Chedde.

Ici commence tout de suite l'ascension. L'Arve s'encaisse tellement qu'il fallut se hausser par un remblai énorme. Les terres, encore meubles, résisteront-elles au dégel?... On y a semé des essences, qui, dans dix ans, feront une chose bizarre et forestière, dont la sensation sera moins vive. Un viaduc métallique la termine, à la bouche d'un souterrain.

Nous pénétrons en un ravin latéral. Quatre autres tuyaux, peints en blanc, dégringolent vers l'usine n° 1, motrice et solide. Une rigole d'écoulement y remplace le lit confisqué du torrent. La route arrive avec nous à l'auberge du Chatelard. Chacun y a son tunnel. Les vestiges d'un troisième datent des Romains. Allez donc innover, derrière les anciens!...

A gauche, cette dépression fut le lac de Servoz, qu'ils desséchèrent, où une gare s'étale en une basse plaine marécageuse. Des avoines poussent, encore vertes, que novembre roussira d'une belle couleur feuille morte, pour la moisson tardive. Une vaste pancarte annonce les gorges de la Diosaz. Le mont Blanc étincelle, soudain retrouvé, tandis qu'une rampe monte à des prés, nous porte aux écorchures de la paroi.

En bas, un canal de captation somnole, d'un vert idéal. La route s'accroche sous nous, également vertigineuse. Puis s'encadrent les arches du beau viaduc courbe de Sainte-Marie. Au delà, la station des Houches est encore inachevée, parmi des grés bleus amoncelés. La route maintenant passe sur une éclusée. Le rideau se tire, d'un seul coup.

— Les glaciers!...

Celui de Taconnaz, celui des Bossons coulent. Leur lave blanchâtre, bleuâtre, verdâtre, miroite en vagues figées, en séracs tumultueux. Ces terres sales sont des moraines. Tout le cirque est surprenant de précision et de proximité.

Enfin l'Arve s'épand, sur une grève étrange, endiguée par un bief que l'usine n° 2 utilise en aval.

— Les Bossons! les Bossons!...

La gare des Bossons, oui, existe, paradoxale, extravagante, près du hameau, en un herbage, à deux cents mètres des premières glaces, qui montent les unes sur les autres, pour voir passer l'Métro.

— Monsieur, le glacier se déforme par le bas, mais il se reforme par en haut.

VI

Deux ponts, une boucle, et la station paraît. Quatre voies, un quai médial couvert, lui donnent grand aspect. Entre l'Arve et elle, s'amorcent les avenues d'un quartier futur. Je suis au fond de la Savoie, au bout du monde, au pied du Titan.

Les « portiers » des établissements, rangés sur le trottoir opposé, ont l'enseigne du patron en lettres d'or. La municipalité, au risque de perdre des suffrages, a réglementé le racolage. Je lui en rends hommage.

Chamonix empoigne aussitôt, dans le vallon élargi, emprisonné de très haut. Ses fenêtres peintes sourient au paysage. Déjà c'est un bourg de 2.435 habitants.

On le dérive de *Campus munitus*, camp retranché des légions. Le Prieuré fut fondé par les Bénédictins, en 1090. Les évêques de Genève y estivaient. Saint François de Sales y vécut, en 1606. Maintenant, le suprême obstacle est renversé : le xxe siècle l'a mis à quatorze heures de la place de la Bastille.

Vraiment j'y respire, j'y admire... et j'y transpire.

Voici l'Arve, les hôtels cosmopolites, la petite placette. Deux hommes de bronze, tournés vers le mont Blanc, se dressent sur un rocher. J'y lis :

« A H.-B. de Saussure, Chamonix reconnaissant. Érigé en
« MDCCCLXXXVII, avec le concours des Clubs alpins fran-
« çais, suisse, italien, anglais, l'Appalachian Mountain-Club de
« Boston; la Société des Touristes autrichiens, et de l'Aca-
« démie des Sciences de Paris. »

Je monte à la petite église, dont pointe la flèche d'or. En-

chàssé dans le perron, un médaillon porte : « A Jacques Bal-
« mat, dit Mont-Blanc, la Société Géologique de France, avec le
« concours du C. A. F. Septembre 1875, août 1878. »

En 1786, ce montagnard à face énergique, le premier, tout
seul, put poser son pied sur le front du géant.

De ma chambre, dans la clarté de ce ciel pur, je le contemple.
Chaque matin, on l'interroge pareillement. S'il rougit à la
caresse de l'aube, continuera la délicieuse saison qui dure
depuis trois semaines. Sur l'azur, se découpent les cimes immaculées, sans une ride. A peine, vers le soir, une buée légère,
telle une fumée, monte-t-elle dans le bleu, où elle s'éloigne lentement. Le mont Blanc est au beau fixe.

Du côté de l'Italie, c'est une falaise effroyable, avec le Val
Veni, le Val Ferret, Courmayeur.

Vers nous, au contraire, il s'étale, se prélasse, s'ouvre en
éventail. Le faîte surplombe à peine, entre le Dôme du Goûter
et le mont Maudit. De ces neiges, les glaciers descendent, en
draperies.

A droite, celui des Bossons, plus visible, se détache de celui
de Taconnaz, séparé par un triangle de verdure. A gauche, sont
des aiguilles farouches, celle du Tacul, celle du Midi, derrière
lesquelles la Mer de Glace s'épand, pour déboucher à trois kilomètres en amont. Juste au-dessus du bourg est la pointe du
Plan de l'Aiguille, coiffée d'un restaurant.

Sur la rive droite, le Brévent constitue un observatoire, à
2.525 mètres, où l'on accède sous bois, par une sente à mulets.

— Pourtant, ce n'est pas lui qui tente les entrepreneurs de
funiculaires, puisqu'une concession fut donnée pour le Montau-
vert.

— Moi, je voudrais monter, sortir de la vallée, m'élever,
planer.

— Pourquoi pas un ballon captif?

Dame, oui, pourquoi pas?

Ce serait plus raisonnable que le projet de partir du hameau
des Houches, mener à un puits d'ascenseur, déboucher sur le
faîte comme un ramoneur sort d'une cheminée.

Mais la cloche sonne, pour la table d'hôte.

Elle comprend surtout une vingtaine de jeunes demoiselles,
très roses, très coquettes, très bavardes. C'est un pensionnat

anglo-allemand, qui visite l'Europe, mené par la maîtresse. On

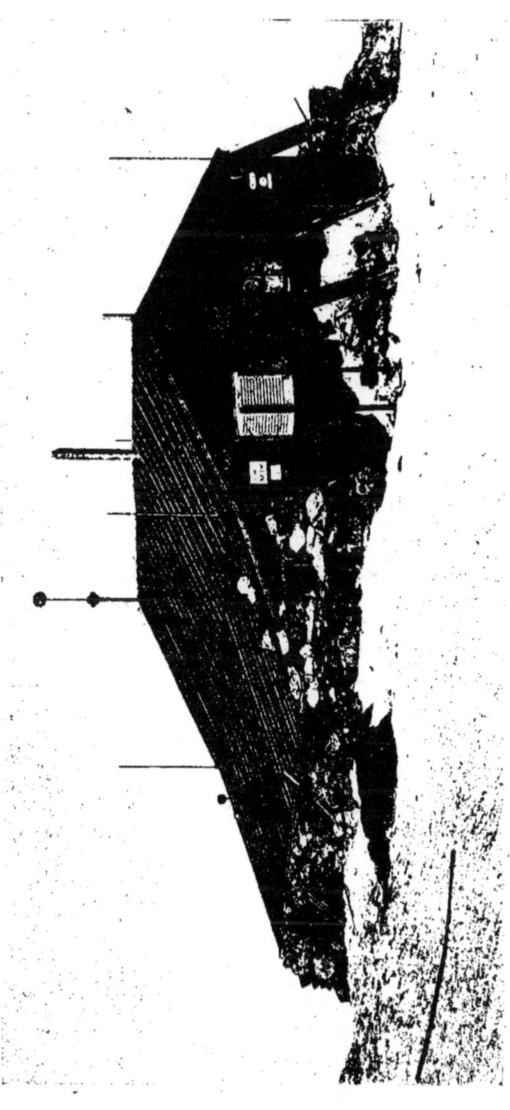

Vue extérieure de l'Observatoire du mont Blanc.

dirait une volière. Puis-je en vouloir à tant de fraîcheur et d'in-
génuité migratrice?...

Décidément, malgré Murren et Zermatt, Chamonix est et restera le « nombril des Alpes ». L'univers entier sait son nom, lié à celui de cette bosse gigantesque. Une lunette excellente, avec un astronome très renseigné, suffit d'ailleurs pour avoir l'air d'y être monté.

J'ai même eu deux astronomes et deux lunettes.

Le premier, installé sous une tente, en une cour d'hôtel, prend des abonnés à cinquante centimes par jour. Son instrument disparaît dans une formidable enveloppe de cuivre astiqué. Elle vous trompe sur la force de l'objectif.

— C'est un chaudronnier qui a fabriqué ça, dit le second.

Lui a acheté le sien à Paris, sur mesure. Il lui fallait quelque chose de soigné, dans les dimensions de la montagne, quelque chose d'énorme et d'impressionnant. Vrai de vrai, quand on met le nez dessus, on distingue les moindres détails, et grimpe avec l'ascensionniste.

— Le mont Blanc, Mesdames et Messieurs, le plus haut des Alpes, le deuxième d'Europe, s'élève à 4.810 mètres, tandis que l'Elbrouz, dans le Caucase, en a 5.631. Le Gaorisankar, parmi l'Himalaya, atteint 8.840 mètres. La troisième montagne est le mont Rose, avec 4.638 mètres, sur la frontière italo-valaisane. Les progrès, accomplis dans son ascension, le furent par les gens du pays.

Les guides y ont transporté, à deux francs la tonne, les 20.000 kilos de l'Observatoire Janssen, ferraille forgée par Eiffel. Ils y ont hissé également le savant, impotent, presque paralysé, dans un extraordinaire record de virilité. Ils ont rebâti l'édicule, sur vingt mètres de neige, après y avoir en vain cherché le roc. En ce moment, ils reconstruisent, tout auprès, le refuge Vallot. Je les vois, au nombre d'une quinzaine, agir, camper, dormir, vivre, sous les ordres du propriétaire, dans la steppe hyperbolique. Il les paie quinze francs par jour, et mène en personne les travaux, abrité sous un vaste parapluie.

Deux guides coûtent cent francs, et un porteur moitié. Certains se bornent au porteur et à un guide. Des fous agissent à leurs risques et périls. On raconte l'histoire d'un grand diable d'étudiant suisse, arrivé à bicyclette, qui s'élança aussitôt. On était au printemps. Nul n'avait tenté encore l'entreprise. A travers glaciers, crevasses, neiges mouvantes, il atteignit le but,

Du bas, on le vit danser une gigue effrénée, dans les cieux. Puis il se laissa glisser, comme je te pousse, et il revint, et il renfourcha sa bécane, et il disparut sans même dire son nom.

Il y a aussi l'anecdote de la riche milady, qui s'en alla, seulement accompagnée d'un Savoyard, beau gars. Entrés au refuge des Grands-Mulets, ils n'en sortirent que le surlendemain, comme on s'apprêtait à sonner le tocsin. Six mois après, ce drame finissait chez un clergyman.

Je doute que l'enthousiasme et la reconnaissance rendent jamais pareil hommage aux gens de Luchon, vantards, menteurs, bruyants, paresseux, qui ne savent que claquer du fouet, aux parades du Casino.

— On compte treize heures pour l'équipée, mais la fatigue allonge le voyage.

Il commence vers midi, par un sentier sous bois, accessible aux montures. A la cabane de Pierre-Pointue, on les quitte, près d'une fontaine. Ici débutent les difficultés.

Trois heures durant, on enjambe des abîmes, escalade des murailles, use des échelles, lance des passerelles, donne l'assaut. La corde se tend, le piolet pioche, l'amateur anhèle. Il atteint, à l'abri des Grands-Mulets, la jonction du glacier de Taconnaz, qu'on traverse, le lendemain, au petit jour. Alors devant soi, s'étalent les versants neigeux, presque rassurants, sur lesquels plus d'un imprudent roula, emporté vers une crevasse, balayé par la bourrasque, tel un fétu de paille.

A gauche est l'itinéraire le plus sage, le plus long, qui ne s'emploie guère. Celui de droite franchit le col du Dôme, sous le Dôme du Goûter, puis longe le rocher des Bosses, avec refuge. On atteint l'Observatoire Vallot. Il ne s'agit plus que de suivre, par les crêtes du Dromadaire, l'arête même, la frontière à pic, surplombant les deux versants, qui conduit à l'observatoire Janssen, coiffé d'un belvédère. On y est. Hourrah !...

Par un beau temps, tamisant les rayons solaires de nuages très légers et très élevés, le regard embrasse Alpes, Jura, Apennins, avec des étendues de brume qui sont des plaines, des plaques ombrées qui sont des vallées, des miroirs qui sont des lacs. Les gens d'en bas nagent dans l'enthousiasme. Votre hôtelier tire trois coups de canon, dont l'écho vous rejoint, vous emplit de béatitude. Tout autour, les cimes abaissées dirigent leurs masques,

livides et muettes, vers le vainqueur. C'est unique, surhumain,
et totalement inutile.

Vers neuf heures du soir, j'ai assisté ainsi au triomphe d'un
Anglais ponctuel.

Nous le vîmes toucher au lent calvaire de son orgueil, et se ca-
cher derrière l'édicule, harassé. Son retour fut lamentable, jugé
au télescope. Il dévalait, butait, tombait, se relevait, pour choir
encore. Les guides faisaient des gestes navrés, ou furieux, ou en-
courageants, et tiraient leur esclave, leur proie, par la laisse de
chanvre. Néanmoins, en approchant, il reprit de l'allure. Je
les soupçonnai de l'avoir bouchonné à Pierre-Pointue, comme on
maquille son cheval avant la foire.

Les jarrets fléchissants, les chaussures éreintées, le visage
d'un rouge brique, émaillé de boursouflures caractéristiques,
l'Anglais était fier. On tira derechef le canon, ses compatriotes
lui offrirent un bouquet, le rédacteur de *la Revue du Mont-Blanc*
lui vendit d'avance cinq cents exemplaires. Mon patriotisme s'y
résigna, car il est français, le mont Blanc, pur et prestigieux,
quoiqu'ils en pensent à Genève!...

Les lampions, souvenirs du Quatorze Juillet, illumineront tantôt Chamonix, pour « la descente du Brévent », exécutée à la
diable, d'escalades en dégringolades, par nos troupiers en manœuvres, au milieu des « Ya » et des « Yes ».

Quand une compagnie entière d'Alpins sera montée, tôt ou
tard, au sommet du mont Blanc, avec tout son bagage, armes
et munitions, puis en sera redescendue, sans perdre un homme,
ni une baïonnette, ni un bouton de vareuse, les soldats en mol-
letières, les officiers en bottes, ne gravera-t-on pas quelque part
le numéro du bataillon, comme on timbre son bien, afin que nul
ne puisse désormais, cherchant Chamonix sur la carte de la
Confédération helvétique, nous disputer la plus belle face du
colosse?...

DU GLACIER AU GLACIER

L'altitude de Chamonix est celle du mont Dore, 1.041 mètres, mais ce que les touristes vont chercher ailleurs, par des moyens compliqués, à des hauteurs triples, s'y présente au bord du chemin, et pourtant incomparable.

Les glaciers, qui couvrirent une bonne partie de la terre, constituent désormais un but d'excursion. Avec leurs veines, ils ressemblent à des rapides figés. Descendant d'une marche sensible, quoique lente, on calcule ici qu'ils s'engraissent durant sept ans, et diminuent pendant sept autres. En fait, ils s'affaissent, chaque été, d'environ trente mètres.

La Mer de Glace, tournant derrière les Aiguilles, est plus vaste. Les Bossons, arrivant droit du sommet, sont plus accessibles. On y découvrit, en 1897, les restes d'un officier anglais, après trente années, admirablement conservés au fond de la crevasse.

Elle les avait doucement redescendus d'en haut. On les reçut avec pompe, les photographia, et les rendit à une famille qui n'y songeait plus guère. Le mont Blanc a la digestion laborieuse.

Après une grimpette de cinquante minutes, sous des ombrages, j'arrivai à la moraine, gaine de pierrailles qu'on dirait souillée de poussières et de cendres. Un lacet me jette sur le phénomène. La surprise est admirable.

D'un coup la nappe surgit, en séracs chaotiques, que le soleil irise. Les blocs s'arc-boutent, s'ébranlent, se résolvent, s'effondrent, se liquéfient. On y pénètre, à une centaine de mètres en amont de la ligne de déferlement. Là, une baraque vend des souvenirs, des liqueurs, du lait.

Son titulaire, payant redevance aux Domaines, eut soin de corser la merveille de quelques attractions. La meilleure est une grotte, et la moindre un photographe.

La grotte, creusée chaque printemps, est fréquentée, pour ses

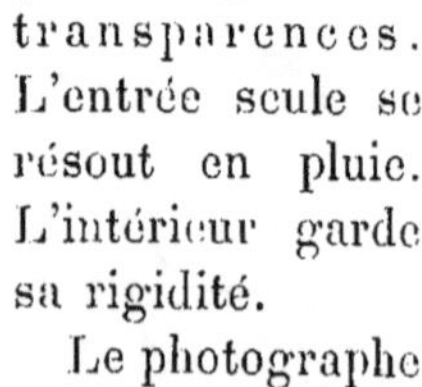

transparences. L'entrée seule se résout en pluie. L'intérieur garde sa rigidité.

Le photographe nous saisit sur une échelle, en grappe. Il est possible que nous soyons ridicules. Rien ne nous empêchera de dire que nous fûmes croqués là-haut, entre les Grands-Mulets et la steppe du Dromadaire.

Quant à la traversée, quiconque n'a point clouté sa chaussure, l'accomplit en chaussettes. On les fournit sur place. Je

voulais m'en passer. Diable, c'est tout de même trop glissant!... Mieux vaut recourir au bonnetier que se mettre à quatre pattes. Cette entreprise s'accomplit en un quart d'heure, point sans mal, car la surface a des mâchoires et des poches. De l'autre côté, je retrouve la moraine correspondante, un deuxième chalet, un pareil sentier.

Le retour est charmant, en zigzag, sous les frondaisons. Trois torrents tumultueux éclaboussent des ponts primitifs et branlants, que l'on eut la velléité de remplacer par de sottes passerelles en fer. Une ferme se niche, près d'une cascade romantique.

Le lait mousse dans les bols, l'hôtesse est aimable, le tarif reste accueillant. Arrêtons-nous !...

Oh ! le bel endroit pour ne pas se souvenir de Paris !... Sur des mulets défilent les madriers, qui vont rejoindre les travailleurs de l'observatoire Vallot. Le bruit de leur sabot s'éloigne avec eux. Celui de la cascade du Dard continue de bercer cette flânerie, dans la fraîcheur de l'eau et des arbres.

Mais je dois redescendre. C'est encore à *la Revue du Mont-Blanc* que j'apprends la meilleure façon de passer dans le Valais : une voiture est louée, près du petit kursaal en bois découpé, entre les deux télescopistes. Nous partons le lendemain à l'aube.

Dès Chamonix, la montée commence en douceur. La mer de Glace se montre à droite, puis le glacier d'Argentière. Au-dessous est Argentière. Un deuxième glacier, celui du Tour, miroite. Les cimes nous bloquent. Ce ne sont pourtant pas les issues qui manquent. La plus connue, suivant l'Arve jusqu'à sa source, emprunte le col de Balme, à 2.202 mètres, sur la frontière. Il est assez fréquenté des alpinistes. Plus fiers sont-ils de se rendre en Italie, par l'un des passages rivaux qui forment brèches, à une hauteur vertigineuse, vers le val d'Orsières : cols du Chardonnet, d'Argentière ou du Tour.

Un quatrième, le col Dolent, presque impossible, aboutit à Courmayeur. Des troupeaux en préfèrent un cinquième, celui du Géant, afin de pénétrer du val d'Aoste en zone franche, hors douane.

Moyennant treize heures de précipices, d'avalanches, d'audace folle, quatre cents moutons sont menés par cinq ou six hommes, sans chiens. Qu'un saute dans une crevasse, tous l'y suivront. Le coup rapporte 2.000 à 3.000 francs au plus. On le tente aussi volontiers pour la gageure que pour le profit.

Plus inoffensive, ma route prend à gauche, vers le col des Montets. Dans le cadre étroit d'un ruisseau, nous montons au pas. Le col de Balme se montre de mieux en mieux, flanqué de son hôtel, à la ligne du ciel. Les glaciers luisent, tels des verroteries. Malheureusement, au sommet, il faut prendre haleine à Tréléchamp.

En une gargotte, on nous sert deux laits froids, un verre de vin, un de rhum. Je demande mon compte. Cinquante sous !... Serais-je déjà en Suisse ? — Non pas, mais l'homme en provient.

Nous redescendons dans le val solitaire, dénudé, où bouillonne l'Eau-Noire.

En attendant que Valorcine devienne gare-transit du chemin de fer électrique, sa population cultive l'amour de la France et les foins de ses coteaux. A senestre, les arêtes du Buet masquent l'impasse du Giffre. L'Eau-Noire gagne vite, vite, le lit du Trient, qui la mène au Rhône. Une auberge sert de gendarmerie d'été, un dernier jalon de railway surgit, la Barberine arrive en cascade, et nous quittons la France par un pont tout humide d'écume.

Aussitôt se présente le douanier fédéral. Il a l'air placide, le salut commode, l'exigence relative. Nos valises demeurent ficelées à l'arrière. Merci !...

— Il en irait autrement, me dit le cocher, si nous arrivions après sept heures du soir.

— Pourquoi donc ?...

— Parce que nous n'aurions par le droit de nous engager sur ce chemin, le soleil couché.

Ainsi en décidèrent les autorités valaisanes, dans leur sagesse, exprimée sur le placard officiel que je note au premier mur. Chaque loueur doit d'abord s'assurer, moyennant quatre mille francs, comme garantie du voyageur. Après quoi seulement, il peut le verser dans l'éternité : on paiera la casse.

Dans la direction de Martigny, il est permis d'atteler en couple, à condition que le deuxième cheval revienne à la remorque.

Vers Salvan, au contraire, un seul doit suffire, avec une voiturette étroite, qui ne contienne que trois personnes.

Notre landau maintenant roule sur le macadam helvétique et rudimentaire, dans une vallée étroite et capricieuse, où l'Eau-Noire cabriole au milieu des granits. On laisse, près des ruines d'un hôtel incendié, le chemin de Salvan. A mesure qu'approche le Trient, nous nous tenons davantage en encorbellement.

Nous rencontrons le courrier postal, à un tournant. Par bonheur, il stoppe. Nous descendons tous, et les voitures, un cheval dételé, se frôlent, à cinq centimètres d'un abîme effroyable et délicieux, planté de mélèzes et capitonné d'herbes.

— Si nous étions au Mauvais-Pas, explique notre homme, ce serait moins commode.

Au Mauvais-Pas, endroit popularisé par la gravure, le surplomb se complique en effet, car la Tête-Noire forme bec sur l'Eau-Noire. Un tunnel encadre son orbite, à même le rocher brun. Aussitôt après, se présente l'hôtellerie classique.

Le déjeuner y est obligatoire, oui, mais pas gratuit, oh! non!... Le vin vaut deux francs la bouteille, et l'eau de seltz trente sous le siphon. Seule, la position est encore plus saisissante : au confluent des deux torrents, **dont la clameur** monte jusqu'à la terrasse où **nous prenons** le café.

Des soldats **y trinquent** avec des paysans, sans même regarder le **vallon** verdoyant, coupé d'une fêlure médiane, dominé de cimes aiguës, où le village de Fins-Haut s'accroche à l'autre rive, distant de trois kilomètres à vol d'oiseau, de deux heures de marche.

Si elle suivait la pente des eaux, notre route irait tomber avec elles à Vernayaz. Elle a préféré les remonter. Bientôt nous sommes à niveau. Forêt du Trient, village du Trient, glacier du Trient, tout ici est au Trient. Lui-même gesticule, quoique de primitives scieries le garrottent. La forêt noircit de ses épaisseurs le versant gauche, et ses bûcherons l'aménagent en la débitant.

Le village est sur l'autre rive, où nous le rejoignons. Son église sans style sonne vêpres. Des hommes jouent aux boules. Le glacier alors forme le fond.

L'exploitant comme une mine d'anthracite, des chevaux transportent les blocs, sur wagonnets, au col de la Forclaz, lequel domine Trient au nord, comme celui de Balme y conduit du sud. J'abandonne la voiture, prends un raccourcis, escalade droit. Bigre! ça tire, malgré quelque ombrage. Je baisse le nez. O joie inattendue! je déniche deux trèfles à quatre feuilles, de quoi offrir deux amulettes. Bonne chance!... Un suprême coup de collier me hisse à une première auberge, puis à une seconde. Je suis sur l'arête.

— Monsieur, me dit le cocher, je vais avoir le regret de quitter Votre Grâce.

Le Valaisan nous reprend au Savoyard, en vertu d'un contrat international et roublard, qui permet à chacun de ne faire que moitié de la besogne en touchant la totalité du tarif. Ils troquent les clients et ne changent pas les attelages. Ainsi fait-on, entre belligérants, avec ses prisonniers.

— Vous réglerez la course là-bas, une fois rendus, mais vous pouvez me donner tout de suite mon pourboire, n'est-ce pas?

— Parfaitement.

L'opération s'exécute, tout contre le cabaret, où court un gai ruisseau. Venu aussi de l'immense glacier, il descendra, comme nous, à travers prés, dans la vaste vallée du Haut-Rhône. Bon retour, mon garçon!...

Nous sommes bien dans la patrie de Guillaume Tell. Devant, loin, très loin, sont les cimes de l'Oberland Bernois. Entre elles et nous, le ciel garde une pureté translucide. Et notre regard plonge dans les deux Valais, comme par-dessus une épaule.

VIII

Au coude du Rhône, Martigny se montre petit, tout petit, tout en bas, tout là-bas, et sans caractère. La grand'route forme rue principale, avec mail où potinent les gens et où meuglent les veaux. Jadis existait Octodurus. Les Romains y ont sablé le Coquembey et le Lamarque. Alors Sion s'appelait Sedunum, Evionnaz était Epaunum, Saint-Maurice avait nom Tarnaiæ, et Villeneuve-sur-Léman était plus connue sous le vocable de Pennilucus. Le Bas Valais naquit donc à la civilisation préalablement aux voyages circulaires, aux stations thermales, aux hôtels climatériques.

Il possède des protestants en petit nombre, des catholiques en majorité, et quelques crétins en l'une et l'autre confession. Néanmoins l'espèce s'en raréfie, et pareillement celle des goitreux, car on surveille désormais l'origine de l'eau. Les lacets routiers, par lesquels se termine cette excursion, ne nous verseraient plus dans des gouffres.

Ces pentes gazonnées nous initient à l'alpage, pâture pour chèvres, vaches et moutons. L'herbe, fauchée céans, forme de jolies meulettes. Ailleurs, les granges s'approchent, bibelots de bois posés sur quatre pieds. Quatre pierres plates les en isolent, stratagème ingénieux contre l'agression des mulots, des souris et des belettes. Mais j'éprouve surtout la tentation de chercher la fente, d'y glisser mon décime, et d'entendre un air de musique.

Cependant Martigny grossit. Ce val, à droite, est celui de la Dranse, rejointe par le Durnant. Enfin nous entrons dans le bourg, à un trot que ralentissent les curieuses menaces d'amendes, embusquées à l'angle de chaque rue.

Du passé, ne demeure pas même le château de la Batiaz, nid d'aigle des évêques de Sion, construit en 1260, détruit en 1518.

— Est-ce pour commémorer sa chute que fut érigée, place du Marché, le buste en bronze de la Liberté, par Courbet?...

Le fleuve presse son eau trouble, sur un lit caillouteux, emprisonné de digues, barbelé d'épis. Ayant raviné, détruit, fertilisé, il descend, volontaire et colossal. Les trois sources chaudes de Rotten et Rhodan, mêlées là-haut à la fonte des glaces, lui assurent une double origine, thermale et frigide, comme pour lui indiquer son double destin : Rhône des neiges, Rhône du soleil. Ici, il avale la Dranse d'une lampée, bat les piles de pierres, et se porte d'est-nord-est à nord-nord-ouest, par un crochet brusque où aboutissent divers chemins.

Celui d'Italie, celui de Bonaparte, monte au Grand Saint-Bernard, vers l'hospice historique d'où, par Saint-Rémy, se gagne Aoste.

Tandis que je stationne, j'ai l'inspiration de descendre en chemin de fer, en aval, à Vernayaz. Deux hôtels y vivent. Le principal délivre les billets d'entrée pour les gorges dont le Trient débouche, par un corridor émouvant, entre deux rocs gigantesques.

On y pénètre sur une galerie, cramponnée au tuf bleu, baignée par une eau bondissante qui roule, croît, se gonfle, mord le balcon léger, durant 700 mètres. Par endroits, la paroi semble former voûte. Au centre, un tronc scellé porte : « Charité « destinée à la construction d'une église à Vernayaz ». Au point le plus romantique, le guide tire un coup de fusil, qui se répercute, interminablement. Après quoi, il se remet à pêcher à la ligne. La truite, poisson acrobate, se joue au milieu des remous, et franchit même la chute finale.

La construction du chemin de fer de Chamonix jettera par-dessus un pont métallique, et le bruit des trains fera concurrence à l'artillerie du fermier.

Celui de la cascade de Pissevache, — bien vilain nom pour une bien belle chose, — a déjà rompu le charme de la Salanfe, tombant de deux cents mètres, à dix minutes plus loin, sous un prisme d'arc-en-ciel. On l'entend, l'admire, la classe parmi les

plus superbes, l'arrange pour l'examen et s'emploie à la dés-
honorer. Un fabricant de carbure l'a captée à son émissaire.
Je montre le poing aux maçonneries stupides, aux gros tuyaux
noirs et bêtes, au sacrilège.

Elle sautera votre usine, Monsieur, et Vernayaz avec!...

Félicitons-nous d'être passés avant. L'express m'emporte vers
le Haut Valais. Bonsoir!...

Franchis en deux heures, soixante-quinze kilomètres ne le
sont pas à grande vitesse, tantôt au centre de la vallée, tantôt au
pied des monts. Le Rhône exaspéré bat parfois la digue, la
digue-digue-don. Alors sa fange, mêlée aux pierres, encrasse la
prairie. Des affluents s'évadent de ravines profondes. Auprès,
le paysan plante sa vigne, tournée vers le soleil qui mûrit le
bon raisin.

Ces crus ont leur renommée. Dans le wagon-restaurant, je
les déguste. Cependant défilent les stations aux qualités estivales.

Saxon possède des eaux chaudes et iodurées, et ses ruines
commandent une gorge nue. Nous en retrouverons d'autres, à
Saillon. A Riddes, le Rhône se franchit, puis la Lizerne, puis la
Morge. Les ceps continuent à pulluler, autour d'Ardon, Vétroz,
Couthey. Ces noms prouvent que nous sommes toujours à demi
chez nous.

Le Bas Valais se rapproche de la Savoie presque autant que
le Genevois. L'histoire lui donne des parchemins classiques.
Avant les demi-brigades, les légions romaines le parcoururent
en tous sens et leur trace y précéda la nôtre.

Le Germain, avec l'Allemand, paraît à Sion, qu'ils appellent
Sitten. Autrefois, Brigue fut le chef-lieu cantonal. Il se justifie
mieux, transporté dans cette petite ville de 5.000 âmes, sur la
Sionne, qui traverse la rue du Grand-Pont, en un lit muré, couvert de poutres.

Deux châteaux, celui du Tourbillon et celui de Majoria, y furent pareillement incendiés, en 1788. Celui de Valère survécut,
environné de tours, accolé à Notre-Dame, remplaçant la forteresse qui arma Sédunum. Du dehors, la cité entière ressemble à une citadelle encerclant une cathédrale.

L'ancienne maison du bailli Georges Supersaxo conserve un
plafond de 1505. Rien ne reste des cinq années, 1810 à 1815, où

Sion fut préfecture de l'Empire français, département du Simplon. C'est si loin, et ce fut si court!...

Les Valaisans, annexés pour la forme, me paraîtraient d'ailleurs plutôt fiers d'avoir figuré passagèrement dans la féerie napoléonienne, puisqu'ils lui doivent la route magnifique qui les relie au monde. Les fortunes y sont agricoles. L'industrie n'a point installé chez eux ses cheminées, ses laminoirs, ses puanteurs. Sans doute attend-elle le tunnel. Lors, la suie des machines se superposera à la crasse des siècles, colmatera davantage les maçonneries, rendra Sion encore plus noire.

Voici la neige immaculée. Mon voisin me met sur chaque cîme une étiquette en « horn ». Peu importe. Ce sont toujours des Alpes, n'est-ce pas?

Nous doublons Sierre, dont l'ancienne chartreuse sert d'institut aux sourds-muets. Finge marque la frontière exacte des dialectes. A Loëche-Souste, les wagons se désemcombrent.

Loëche-les-Bains, connu depuis le moyen âge, répartit ses eaux curatives en six établissements. Un millier de baigneurs y doublent la population normale. Longuement on se trempe dans des piscines, en manteau, cravaté de laine, avec une petite table qui nage, chargée de tasses, de journaux, de livres. La Gemmi domine, desservie par une sente qui va en Oberland.

Les wagons se vident tout à fait, cinq lieues après, à leur avant-dernière station, où bifurque le fameux embranchement de Zermatt.

Viège en soi n'a pas plus d'importance que la Viège, torrent qui lui donne son nom, quand on ne l'appelle point Visp ou Vispach, mais les ingénieurs y ont créé un délicieux objet pour touristes. Dans toutes les gares, où figuraient déjà les affiches alléchantes de Viège-Zermatt, on a collé celles du Gornergrat-Bahn, la plus haute ligne électrique d'Europe, à 3.136 mètres. L'horaire officiel en figure dans les indicateurs. Billets directs et billets circulaires l'englobent. Je compte en profiter. Oui-da, le dialogue suivant s'engage, entre un voyageur et un contrôleur :

— Nous allons au Gornergrat.

— Impossible.

— J'ai mon ticket.

— On le remboursera.

Brigue et le Simplon.

— Qu'y a-t-il donc?

— La machine a eu un accident, avant-hier.

— Le service est suspendu pour longtemps?

— Pour plusieurs jours.

Et le ménage berlinois, venu de la Sprée exprès pour cette escapade, rebrousse chemin, convaincu qu'il ne faut pas « couper dans tous les ponts », fussent-ils suisses, métalliques, vertigineux, et reproduits par la lithographie.

IX

L'OMBRE DU CASQUE

Sur la voie étroite, la locomotive remorque trois ou quatre voitures. Le système Abt permet d'aborder tour à tour des rampes de 45 ou de 125 millimètres. L'engrenage s'opère, se relâche automatiquement. Ceci déjoue les surprises du terrain, et amuse le badaud.

Démarré par une courbe brusque, le convoi a pris contact avec la rivière. Un vieux pont de pierre nous enjambe, elle et nous. Nous la franchissons, afin d'emboîter la première crémaillère. Céans se réunissent les deux Vièges, Saaser-Visp et Matter-Visp, venues des deux vallées, celle des Saas et celle de Saint-Nicolas, que sépare l'éperon du Saasgrat.

A Stalden, on opte nettement pour la Matter-Visp. L'autre conduirait aux Saas, Saas im-Grund, Saas-Fee, villages emprisonnés dans l'impasse qui aboutit à l'alpe Mattmark, où dort un lagon verdâtre. Pour joindre Zermatt, par là, il faut des jarrets de chamois.

Notre train nous y mène doucement. La Viège gronde, très bas, tandis que nous nous hissons, très péniblement. A Kalpetran, nous cheminons côte à côte. Des montagnes, des neiges, des glaces surgissent. Un clocher se montre, à 1.356 mètres. Les habitants d'Emd ferrent leurs poules, afin qu'elles se tiennent en équilibre sur les pâturages.

Dans les défilés de Kipfen et Solli, les falaises furent creusées pour le lit seul. On s'y faufila néanmoins. L'impression est terrifiante.

La Viège dégringole, comme une enragée, au milieu de blocs de gneiss. Par instants, elle forme de véritables châteaux d'eau. Elle roule des arbres entiers, saute, ressaute, tressaute, mugit, tourbillonne, sale, glauque, infatigable, sans une berge, sans une grève, sans surjet de sable ni de gravier.

Nos têtes sont aux portières, blêmes d'admiration, devant cette folle descente de la rivière, devant la montée imperturbable de notre train. La moindre poche, crevant là-haut, qui jetterait son afflux au torrent, nous écraserait contre la paroi. Néanmoins, nul ne se détache de la vision, jusqu'à Saint-Nicolas.

Les grosses difficultés sont vaincues. La vallée, toujours pittoresque, s'aménage à présent en bosses boisées, en ravines couvertes, en accidents heureux. Du Barrhorn, tout blanc, arrive le Blattbach. Une cascade s'étage. Le glacier de Festi scintille à gauche; le glacier de Bies miroite à droite. Nous sommes dans des sapins, ou sur des roches, ou à plat, et puis dans l'éboulement de Randa.

Après avoir enseveli un pays entier, les blocs se sont casés, soit en tas, soit perchés. La mousse les envahit. Des arbrisseaux ont grandi dedans, dessous, dessus.

Tœsch est l'avant-dernier hameau. Lentement, nous escaladons le Bühl. Un suprême ressaut replace la Viège dans sa fissure. Voie et route accouplées se tassent de leur mieux. Soudain, s'ouvre le cirque : le Cervin dresse sa pyramide étrange, son cimier colossal.

Des champs de neige tendent d'hermine les gradins supérieurs de l'amphithéâtre. Une agglomération se montre : maisonnettes en bois goudronné, granges sur dés, vastes immeubles aux enseignes aveuglantes. Nous sommes à Zermatt. Tout le monde descend!...

Le village de 525 habitants, que les Piémontais appelaient autrefois « Praborgne », conserve sa physionomie. Un chemin étroit, pavé de cailloux aigus, mène de la gare à l'église. Là, se sont installés les marchands de souvenirs, de bibelots, de photographies, bimbeloteries d'Allemagne et corailleries de Naples. Les hôtels monumentaux complètent l'entreprise.

La dynastie des Seiler en a trois « en ville », outre ceux du Riffel-alp, du Riffel-berg, du Gornergrat et du Lac Noir. Ils sont les maîtres, les « fondateurs ». Zermatt leur appartient, à telle preuve que, le vieil Alexandre étant décédé en 1891, huit jours avant l'ouverture du chemin de fer, on va lui élever un monument devant l'église anglicane. Son épouse y figurera pareillement, couronnée d'edelweiss. Un guide en marbre blanc les coiffera de palmes. Seulement on l'inaugurera, le 24 septembre 1902, devant les sommeliers, portiers, cuisiniers, barbiers et cochers, — quand les clients seront partis.

Comment se défendre?... L'échelle des prix se tient partout comme la volaille d'Emd, à un angle inquiétant. Je menaçai de reprendre le train, avant d'obtenir la délicieuse bière valaisane, qui mousse en chopes, au lieu des « pale ale », « stout », « munichbraü », et autres horreurs cachetées, fermentées, facturées effroyablement. Nous sommes bien dans la Suisse des ascensions et des additions vertigineuses.

La nature veut pourtant y être aimée pour elle seule. Elle s'entoure d'obstacles. Et la vogue ne cesse point.

Au sud, du mont Rose au mont Cervin, en passant par le Breithorn, les glaciers barrent l'horizon. Devant eux, la croupe boisée du Gornergrat, où l'on accède par le Riffelalp et le Riffelberg, degrés successifs, est la merveille. Malgré le Funiculaire, on y monte encore à mulets, à pieds, voire à genoux. Enfin le col Saint-Théodule mène en Italie. Le moindre paysan vous propose donc d'escalader n'importe quoi.

La plupart des courses s'effectuent sans péril : on se rend au Lac Noir en trois heures, au col en cinq, au Mettelhorn en six, au Breithorn en huit, au mont Rose ou au Cervin en risquant sa peau.

Dame, avec ceux-là, il ne faut plus blaguer!...

L'un a 4.638 mètres, l'autre en a 4.482. C'est encore le Cervin qui tente le plus, par sa perpendicularité, sa coloration bleuâtre, l'obsession des réclames chocolatières et l'oppression de le sentir toujours sur soi.

Il ne fut vaincu que le 14 juillet 1865, par quatre Anglais et trois guides, dont un venu de Chamonix, le Savoyard Croz. L'aventure fut tragique. Au retour, Hadow entraîna toute la grappe, dans un abîme de 1.200 mètres. La corde se rompit. Ainsi furent sauvés un voyageur sur les quatre, et deux guides sur les trois.

Trois jours après, quatre autres guides y montèrent, partis de Breuil, en Piémont. On recommença. Maintenant, pas un été ne se passe, sans un ou deux accidents, malgré des seuils dynamités, des câbles de fer, des crampons aux pires endroits.

Le tort est d'attirer ici les habitués de Lucerne. Il faut les voir arpenter l'unique ruelle, contempler et flairer les étalages, marchander une pacotille qu'ils n'achèteront pas, dans l'attente de la cloche du dîner servi par des garçons polyglottes. Fuyez Zermatt, ô couples chics!...

J'ai rencontré un jeune ménage qui s'initiait, lui en souliers jaunes et flanelle blanche, elle en escarpins et robe de tulle. De temps en temps, ils levaient les yeux vers le Breithorn, mais les rabaissaient aussitôt vers la terre, où le pavage écorchait leurs pieds. Finalement, ils sont rentrés chez eux, comme au meilleur plaisir.

La Zermattoise exerce tous les métiers, surtout les nôtres. Je note une « coiffeuse » et une « tailleuse pour hommes ». Bien mieux, au coin d'une ruelle, je tombe en admiration devant une nourrice. Elle fait téter son poupon en fumant la pipe!...

La promenade classique est aux gorges du Gorner, creusées par la Viège. On la remonte, par une sente coupée de ponceaux et de dérivations. Les hameaux se montrent, sur les pentes vertes, et les torrents se fâchent, sous les frondaisons. A un bois on tourne, grimpe, atteint la première gorge : chalet, entrée payante, registre de signatures. Plus loin, une seconde gorge (50 centimes au lieu d'un franc), m'empoigne net, très courte, très effroyable, coup de hache en biais dans le bloc de granit. J'éprouve malgré moi la sensation que la chose va se resserrer soudain sur nous, telles les deux pages d'un livre sur un insecte.

Il y en a aussi une troisième, mais on n'y fréquente guère.

Le retour s'opère par Platten, poignée de granges autour d'une chapelle minuscule.

Le Riffelberg est en face, avec la diagonale du funiculaire. Derrière, le Cervin disparaît, en un nuage. Des gouttes chaudes accompagnent un tonnerre lointain. De belles vaches font sonner leurs clochettes, regagnent l'étable. D'autres, attelées, ramènent une meule de fourrage, sur un chariot bas. Le soleil se cache. Décidément, c'est l'orage. Hâtons-nous!

Et voici les Anglais, les Allemands, les marcheurs, les grimpeurs qui nous rejoignent, poussiéreux. Une caravane part néanmoins, hommes et mulets, couvertures et parapluies. Les visages ont l'air passés à la crème des chaussures. Trois jeunes filles affectent la démarche du facteur rural. Franchement, je préfère à ces personnes héroïques les petites Britanniques de Chamonix, vêtues de blanc et de mauve.

Mais la pluie se resserre. J'atteins Zermatt, où tinte l'*Angelus*. Avant qu'elle ne se referme, pénétrons dans la pauvre église, en qui se révèle la vieille paroisse.

Les murs, blanchis à la chaux vive, conservent leurs autels en bois, badigeonnés et dorés. Œuvre d'artistes naïfs, saints et saintes gardent l'expression d'un calme parfait. Dans le silence de cette humilité, brille la lampe du sanctuaire, respire le tic-tac de l'horloge. C'est un œil qui veille, c'est un cœur qui bat, tandis que la foudre roule ses tombereaux formidables, là-bas, là-haut, dans les profondeurs.

Le jour même où le ménage Seiler sera consacré par le bronze, l'abbé Carrel, frère du guide J.-A. Carrel, mort en 1890 au mont Blanc, a promis qu'il porterait une croix de deux mètres et demi, du Val-Tournanche au sommet du Cervin, aidé des guides Maquignaz, frères du Maquignaz, qui fut de la même ascension et de la même catastrophe. Ils serviront la messe, qu'il dira par-dessus l'abîme, à la mémoire des victimes du monstre. Puis ils lui planteront le crucifix au front, comme réponse savoyarde, catholique et latine à l'apothéose de l'alpinisme des « repas sans vin » et des « chambres sans service ».

X

L'orage a duré toute la nuit. A la lueur des éclairs, la foudre se répercutait, et les nuages descendaient, comme des étoffes flottantes, aux flancs des hauteurs. Au matin, un souffle les dissipa, ainsi qu'on ouvre un décor. Mon hôtelière ne voulait donc pas que je la quittasse. Mieux vaut le regret que la lassitude. La moindre intempérie rend Zermatt insupportable. Je réclamai ma note.

— Oh! vous avez le temps, Monsieur, dit-on alors.

Les employés de la gare sont à l'auberge, où ils dégustent « glass bier », pacifiquement, tandis que nous nous impatientons en vain. Quoique le train soit à quai, les compartiments restent sous clé. Fermés aussi, boudent les guichets. Un homme d'équipe arpente la place, et le chauffeur bourre sa locomotive. Cinq minutes seulement avant le départ, les piles de colis s'entassèrent dans le fourgon, vaille que vaille. Je me mis alors sur la plate-forme d'arrière, décidé à ne rien perdre du trajet.

Dès le deuxième tunnel, nous avions égaré le Cervin. Puis reparurent les cascades, les éboulis, les ravines. A chaque contour nous retrouvions un motif inoublié. Seul, le blanc Breithorn s'obstinait, au bout de la vallée.

Après Saint-Nicolas, le défilé me sembla encore plus grandiose, à marcher dans le sens du torrent grossi. Des détails se précisèrent. Un cri m'échappa.

— Vous êtes Français, fit mon voisin.

— Oui, et journaliste.

— Moi aussi.

Nous fîmes connaissance de cette façon, Georges Thiébaud et moi. Il gagnait Meîrîngen, par le glacier du Rhône. Zermatt

lui avait produit la semblable impression de germanisme et
d'anglicanisme débordants. Nous en convînmes, sans trop d'ai-
greur.

— Reconnaissez-vous ces ondes écumantes?

— Oui, je les ai déjà vues au Casino de Paris, dans le ciné-
matographe.

A Viège, les express ayant tous deux du retard, les hôteliers
en profitèrent, afin de nous recommander leurs hospitalités. Le
Breithorn avait disparu, remplacé par le Balfrinhorn, première
cime du Saasgrat, également neigeuse. Au buffet, nous trou-
vâmes des journaux de Paris ou de Genève, pleins de dépêches,
et aussi de belles assiettes, pleines de fraises des bois.

Parfumée et fraîche, la marchande puise les fruits, que sa
jeune sœur saupoudre de sucre, que nous nous disputons.
Déjà, aux haltes du parcours, on nous vendit des fleurs frêles,
cueillies dans les mêmes forêts profondes, aux bords des mêmes
ruisseaux bruyants. Ces gagne-petit possèdent quelque délicatesse.

Le train vient pourtant, d'abord celui du Léman, puis celui
pour Brigue. Nous avons encore neuf kilomètres de patience.
Le butoir sera au bout.

Une coulée de pierrailles et de fanges forme l'apport du Gam-
sen. A droite, un clocheton, au pied du Glishorn, marque le
pèlerinage de Glis, d'où se détachait jadis la route. Brigue
paraît alors, terminus provisoire, après un pont sur la Saltine.

Nous sommes ici dans un faux cul-de-sac, dominé du Bortel-
horn. Le Rhône d'un côté, la Saltine de l'autre, forment fourche.
Au-dessus, sont les fissures discrètes où fondent les glaces invisibles. Le railway attend le tunnel, pour sortir.

— Vous partez tantôt? demande le buffetier.

— Non pas.

Sans plus entendre, il nous arrache nos bagages et nous pousse
vers sa véranda.

— Rassurez-vous, me dit-il, je ne suis pas encore fonctionnaire fédéral.

Ah! oui, le coup du rachat!... Est-ce que le progrès serait
illusoire?... Les employés du Jura-Simplon protestent énergi-
quement contre cette réforme, car le gouvernement paie moins

et exige davantage. N'empêche, le peuple l'a ratifiée, en la forme coutumière du référendum. Il obéit à des préoccupations nationales. Les compatriotes de Guillaume Tell ne voulant être, ni Français, ni Allemands, ni Italiens, leurs moyens de transport ne pouvaient continuer à être italiens, allemands, ou français. Ce réseau coûtera 104 millions, et sera livré au 1er janvier 1903.

Pareille cession nous oblige à nous défendre. Elle va canaliser le trafic d'Angleterre aux Indes, par Dijon, Pontarlier, Lausanne, raccourcissement considérable. La Suisse y gagnera de devenir maîtresse des relations intra-européennes. Pourvu qu'ils gagnent deux ou trois heures, les gens se moqueront que la traversée ressemble à celle du cimetière du Père Lachaise, avec l'unique différence de la plus grande **stabilité du tunnel** et de sa plus énervante **longueur**, car il aura 17.730 mètres.

D'abord à voie unique, puis avec seconde galerie parallèle, il prendra double voie, lorsque la première deviendra insuffisante. La dépense actuelle est de 58 millions 820.000 francs. Il faudra 15.000.000 francs pour le doublement. Les entrepreneurs ont promis de tout livrer au 3 mai 1904 avec prime de 5.000 francs par jour gagné, avec amende de 5.000 francs par jour de retard.

L'entrée se trouve à deux kilomètres, vers le Klenenhorn, dont la base s'adoucit en de ravissants pâturages.

J'y distingue des baraquements noirs, des cheminées noires, des déblais noirs. Une ville piémontaise y peine, sous la surveillance des gendarmes. Là-bas grondent la vapeur et la mutinerie. Ici règnent encore le calme et la diligence.

Celle de la Furka mène au glacier du Rhône, où se détache la route du Grimsel, puis à Andermatt, d'où l'on descend à Goschenen.

Celle du Simplon réclame huit à neuf heures pour vous porter à Domodossola, but également temporaire.

Ce sont de vastes mails-coachs, peints en jaune serin, étagés bizarrement, avec banquettes surélevées à l'arrière, caisse au milieu, rotonde en proue. Le cocher perche avec le postier. Cinq chevaux font sonner leurs grelots.

Plus simpliste, à peine l'express futur permettra-t-il un coup d'œil d'adieu à la vallée, avant de vous précipiter dans le trou, la fumée, la nuit, durant trois quarts d'heure.

Nous n'aurons pourtant que le mérite d'avoir copié les taupes. Ces jonctions sont aussi vieilles que la forme même des monts et des vaux. C'est par là que Rome entrait en Gaule, et que les Barbares allèrent à Rome. Presque nus, échappés des forêts profondes, ils marchaient droit devant eux. Combien dormirent, dans les crevasses glauques, auprès des soldats de César !...

Puis ce fut le moyen âge. On montre à Brigue, comme étant la plus vaste habitation privée de la Suisse, la « Maison des Sto- « ckalper », qui furent de grands bourgeois. Son fondateur Master Gaspard, défunt en 1691, était de son vivant le maître du commerce, une manière d'armateur alpestre, nolisant des caravanes, afin de transporter les marchandises au val d'Ossola. De sa splendeur, le logis conserve quelques vestiges.

Le principal est une « salle des chevaliers », nom donné par les archéologues modernes, car il n'a jamais commandé qu'une troupe de soixante-dix hommes. La bâtisse lourdaude procède du castel savoyard. Les fenêtres ont de rares sculptures, les portes sont épaisses, un balcon enjambe une ruelle limitrophe.

Non loin, un ancien couvent de Jésuites domine la plaine.

Le Wasenhorn surgit, tout pâle. Au nord, sont le Sparrhorn, l'Eggishorn, la Belalp, muraille de laquelle on embrasse, derrière soi, la frontière italo-suisse. On peut visiter aussi le glacier d'Aletsch.

Le Simplon n'est qu'une arête aiguë, qui sépare deux bassins et soude deux chaînes. Elle atteint 2.000 mètres, hauteur peu exagérée. Pourtant, c'est l'un des nœuds essentiels de l'échine difforme, décharnée, vertébrale, titanesque, qui tient l'Europe debout sur le globe.

Depuis Chamonix, je la longe, la caresse, en note le dessin, en mesure les gibbosités. De l'autre côté, s'éploie l'Italie maternelle et nourricière, avec ses maisons peintes, ses treilles pendantes, ses fleuves irréguliers, ses lacs de jade et sa mer d'azur. Toute la civilisation en est venue; toute la poésie y retourne. Je vais enfin escalader la barrière, grâce à ce ruban poussiéreux, qui se dénoue superbement, et que je contemple avec admiration.

Retour d'Égypte et de Marengo, l'homme prodigieux l'a tracé sur la carte, de sa main ferme, entre le Monte-Leone et le Flets-

La route du Simplon.

chhorn. De 1800 à 1806, il en suivit la construction, au hasard des guerres, des victoires, des conquêtes. Les talus en sont solides, les lacets onduleux, les bornes symétriques. Demain, tout cela sera rendu inutile par un double tube de maçonnerie, partant de la côte 680, pour aboutir à la côte 720.

La souris aura triomphé de l'aigle.

Si Napoléon Bonaparte, ingénieur et architecte, dictateur de la République française et protecteur de la République transalpine, eût prévu le tunnel, je crois bien qu'il aurait bâti tout de même « la voie consulaire ».

XI

LA VOIE CONSULAIRE

Groupés à quatre, nous avons traité avec le propriétaire d'un landau.

— Je vous porterai, affirme-t-il, pour 70 francs, au lieu de 80, que vous coûterait la voiture publique.

— Et vous nous transmettrez à un collègue, une fois au col ?

Non pas !... Ce qui est permis, de Chamonix à Martigny, est interdit céans, par privilège à l'entrepreneur postal. Au moment où nous nous embarquons, un loueur arrive d'Italie. Ses bêtes maigres sont couvertes de poussière, et leurs colliers tintinnabulent. Demain, il repartira à vide. N'importe, le monopole jouit de son reste.

La rampe nous prend en pleine ville, passe devant la poste, puis longe le palais Stockalper, puis un mur blanc. Tout droit, nous grimpons, nous nous dégageons de la vallée. La gare y brille, comme fraîchement revernie, et diminue graduellement. En voilà pour 23 kilomètres !...

Au premier, l'ancienne route, venant de Glis, enjambe la Saltine sur le pont Napoléon.

Carrés, les pieds-droits forment blocs, avec encorbellement rectangulaire. L'arc s'y appuie fortement. Pas de couronne, ni d'aigle, ni d'N signalétiques : le Premier Consul en fournit le modèle trapu, massif, solide, invariable, sans le marquer davantage. Jusqu'aux portes de Milan, tous étant pareils, il a suffi de les encadrer docilement.

Quittant l'entaille, nous nous élevons vers le hameau de Schlucht, par des prés qu'irrigue un ruisseau, venu du Klenenhorn. Une chapelle s'avoisine d'un chemin de croix. J'atteins le premier « refuge ».

Comme les ponts, ces treize bâtisses de pierre sont puissantes et uniformes. Elles devaient abriter les gens, et au besoin les défendre. Aujourd'hui, les unes sont louées, les autres abandonnées, quelques-unes ruinées. Pourquoi?...

Nous tournons, par virages courts, secs, nets. Nous revenons vers le torrent. Brusquement, nous le quittons derechef, afin de remonter la Ganter, qui se constitue par deux chutes, tombant du Staldhorn.

Au deuxième refuge, celui du Schallberg, déjà à 1.320 mètres, une famille débite un lait pur et un vin sec.

La route laisse courir, va au bout, pivote sur un second pont, gagne le relai par une courbe savante. Le long du fossé, marche lentement un couple jeune et gracieux, quoique britannique. Une vieille milady peint, devant un chevalet. Voici Bérisal, dont l'hôtel se montre alors, blanc et rose, avec une passerelle couverte et fenestrée, reliant les bâtiments par-dessus la chaussée.

Nous eûmes juste le temps de nous garer. En cet instant, déboucha la diligence.

Gigantesque, bicolore, incohérente, elle déferlait. Au galop de ses cinq chevaux, aux grelots de ses cinq colliers, elle s'emboîta sous la passerelle. De frais visages l'y guettèrent. Freins serrés, fouet claquant, elle gronda, elle passa, elle s'esquiva. Dans cette trombe, nous distinguâmes d'étranges figures à lunettes d'or, penchées sur des Bœdekers, perchées dans les capotes. Puis caracolèrent, ferraillèrent, tournoyèrent deux autres équipages, pareillement timbrés aux armes de la Confédération.

Maintenant nos bêtes n'ont plus qu'à revenir encore vers la Saltine, gravissant toujours, jusqu'au quatrième refuge. La malle montante nous suit. Le torrent se fait à peine entendre, très en bas. Les crêtes sont trompeuses, moins culminantes. Des nues arrivent.

— Nous aurons de l'orage, annonce l'automédon.

Il éclate, comme nous atteignons le refuge de Schallbett, à 1 934 mètres.

L'endroit est formidable, incurvé en amphithéâtre. Aux derniers gradins, sévit la perpétuelle menace des avalanches. Des coulées de neige débordent. Le parapet présente plusieurs lacunes. Des galeries furent maçonnées.

Celle de l'Eau passe sous une cascade, qu'une embrasure permet de voir. Par derrière, l'alignement lointain des Alpes Bernoises s'estompe. La pluie nous lapide, le vent nous flagelle, le cocher ne songe plus qu'à arriver vite, très vite. A peine s'il nous permet, entre deux tunnels, de distinguer les masses blanches, minées, aux cavités inquiétantes. D'un suprême regard, nous embrassons enfin le précipice où nous évoluons depuis Brigue, où s'entassent les nuées, où s'entre-croisent les éclairs.

Il faut fermer la capote.

Ainsi cadenassés, empaquetés, aveuglés, nous franchissons le col, aire gazonnée, telle quelque innocente colline. Un hôtel s'édifia, juste au point culminant, que nous croisons au trot, déjà entraînés sur l'autre versant. Passe ensuite l'hospice, fondé par Napoléon, que le Grand-Saint-Bernard acheva seulement en 1825, près d'une **demi-ruine**, souvenir d'un plus ancien. Nous descendons un large vallon, **entouré** de cimes neigeuses, à peine ralentis par le traînage du sabot, **toujours** fouaillés par la tourmente.

Quel caprice diplomatique rattacha au Valais ce vaste **terri-toire**?... Les traités de 1814 et 1815 voulurent sans doute réserver à une puissance neutre la possession complète du passage aménagé par notre conquête. N'empêche que Simplon, appelé par les Allemands « *Simpeln* », ne se nomme en réalité : *Sempione*, et que son prestige ne soit lié à celui du merveilleux capitaine, dont le paysan garde l'image en un cadre rustique.

L'orage apaisé laisse mugir davantage le Krummbach. La malle, qui nous a dépassés, attend, devant le perron de l'hôtellerie, la fin du dîner. La maison me plaît aussitôt, par ses vastes pièces, ses couloirs bien lavés, ses chambres propres, ses plafonds à poutres apparentes, ses planchers qui fléchissent, voire son bureau de poste familier.

Je me rappellerai sans humeur la bonne halte, à 1.479 mètres, dans ce village qu'un récent éboulement faillit engloutir sous les boues et les pierres, en sa prairie tranquille.

Nous le quittons au matin, afin de reprendre notre course, au grand trot, le long du Krummbach. La croix de Genève,

durant 14 kilomètres, marque toujours les enseignes, fussent-
elles rédigées en italien. Toutefois les désinences germani-
ques vont disparaître. Le torrent reçoit le Lauibach, mais se
jette dans le Laquino. Maintenant, c'est la Doveria, c'est la
gorge de Gondo, c'est le défilé sauvage.

Entre les parois à pic, des paquets de neiges fondent lentement, hors du soleil. Au fond, la rivière se débat. Une
cascade, franchie par un pont, sitôt une galerie, précipite l'Al-
pienbach du glacier de Bodmer dans l'abîme. L'ancienne route,
crénelée était sur l'autre rive.

— La tête de Napoléon!... s'écrie notre compagnon.

Caprice de la pierre contre la pierre, le profil de Bonaparte,
général de l'armée d'Italie, silhouette maigre sous le chapeau
bicorné, marque à jamais le défilé farouche, au sceau de son
vainqueur.

Gondo est la dernière localité helvétique. Les Stockalper y
avaient construit un asile. Une auberge à cinq étages le remplace, avec une tour qui en a sept. L'église se penche, au bord
du torrent. J'erre un instant, dans le cimetière modeste où
reposent les morts anonymes. Au chevet, s'adosse une sorte
de chapelle basse, ossuaire plein de crânes, de tibias, entassés
soigneusement.

En face, une grosse chute emplit une médiocre ravine. A mi-
hauteur, s'exploite une mine d'or. Je garnis mes poches de
cigares, tandis que le cocher fait viser la sortie de son équipage.

Nous partons, nous croisons une cascade gracieuse, s'étirant
en un filet si frêle, si mince, si ténu, si transparent, qu'il semble
un voile de mariée, avec de lentes ondulations. Voici un ruisseau
sec, une guérite et un factionnaire. C'est la frontière, marquée
en Suisse d'un modeste piquet, ornée en Italie d'une borne quasi
monumentale.

Tout de suite, la vallée s'appelle : val di Vedro. Pagliano y
est hameau. La Doveria court encore, très alerte, mais toute
neige a disparu. Des falaises boisées entourent Iselle, qu'en-
laidissent d'autres baraquements, d'autres perforatrices, d'autres wagonnets déversant les déblais. Une poche d'eau vient de
crever. La bouche sombre du tunnel vomit une onde claire,
toute une fontaine mystérieuse et imprévue, qu'on travaille à
aveugler, qu'on canalise, mais qui ne tarit pas.

— Vous avez du tabac? fait le brigadier de douane, devant
un vieil immeuble à colonnade.

Je lui montre un paquet entamé. Il le confisque, et, négligemment, l'envoie sur une planchette. Ils le fumeront tantôt, à
la santé du Roi. Pour vingt centimes, j'ai renouvelé la provision
du corps de garde, sans livrer la mienne.

— Il y a beaucoup de contrebande? demandai-je.

L'homme montre là-haut rocs et pins.

— Dame, explique-t-il, on peut bien la regarder passer, avec
notre jumelle, mais on ne peut pas la rattraper, avec nos jambes.

Sur ce, il croise les siennes, reprend sa flânerie, attend philo-
sophiquement l'époque où il s'énervera sur le quai d'une gare,
parmi les piles de colis, au lieu de lézarder en cette jolie halte.

A présent, la voie ferrée nous suit. On pioche, remblaie, déblaie,
dans le val qui va s'élargissant, où les villages chantent et ba-
billent, enveloppés de châtaigniers, de figuiers, de mûriers, de
champs en maïs et de vignes en étages.

Cette gorge n'a plus rien de farouche, avec ses frondaisons et
ses pierrailles. La rivière y dévale, sans accident. Le chemin
y descend, d'une rampe régulière. Les rayons du soleil tapent
par endroits, et plaquent ailleurs de grandes ombres. Soudain,
un pont de trente mètres de haut, à deux arches, offre à la Doveria,
avant son embouchure, comme une sortie superbe sur Crevola,
joli bourg à flanc de coteau. Le val d'Ossola s'étale enfin, très
large, dans son cadre de cimes rondes et vertes.

Le val d'Antigorio, où coule la Tosa, l'amorce vers le nord. De
l'est, débouche le val di Vigezzo. Plus haut, est le ravin de
l'Isorno. La conjonction des quatre forme le bassin de la Toce,
la plaine, l'Italie des guérets et des auberges.

Sur une route rectiligne, nous croisent des paysans, avec
leurs charrettes. La poussière palpite et fume. Notre cocher
claque gaîment du fouet. Ravi d'avoir gagné son argent, il nous
fait à Domodossola une entrée triomphale, qui met en ébullition
les femmes aux cheveux dénoués et les galopins aux pieds nus.

SUR LA FRONTIÈRE

I

L'ARCHIPEL DES RÊVES

Considérée comme l'entourage d'un mauvais buffet, où on mange mal, entre la diligence et le train, Domodossola est une petite ville coquette, au début d'un monde nouveau, le monde des lacs bleus et des îles roses, que le futur railway mettra à vingt heures de Paris.

Son inconvénient sera d'escamoter plus follement encore cette vallée de la Toce, qu'il abandonnera aussitôt pour gagner la baie de Pallanza.

Alors le train Paris-Milan, parallèle à la route, passera avec elle sur la rive ouest. Novare sera dépossédée. Et Domodossola reprendra, dans sa plaine fertile, l'insipide tranquillité.

C'en sera fini du tapage des diligences, du roulement des landaus, du grondement des camions, de toute cette cavalcade qui traverse les rues dallées, vers la gare. Sous les arcades de la place centrale, où des étoffes pendent aux portes, les commerçants échangeront de vagues bavardages. Personne ne contemplera les antiquités du palais Silva, ni les oiseaux empaillés du musée Galleti, ni les peintures de la « Madone des Neiges ». La poste elle-même quittera vraisemblablement le Municipe, afin de se rapprocher de la voie ferrée. Il n'y aura plus, de quotidienne, que la voiture de Santa Maria Maggiore, dans le val Vigezzo, ou encore celle qui, à l'ouest, remontera la vallée de Bognanco, où sont des sources minérales, et dont on peut atteindre Saas-Fée.

Domodossola, après avoir connu jusqu'à une batellerie, demeurera figée en son aspect archi-provincial.

Le dimanche, les belles filles se promèneront, rue Garibaldi, devant le buste du patriote. Les quelques hôtels se décrépiront. Le seul plaisir sera de monter au Calvaire, voir filer les express, vers le pays d'azur, vers le pays de neige, les express pleins d'Anglais lugubres, chauffant leur thé sur des bouillottes portatives.

Ainsi les villes prospèrent ou tombent, selon qu'un chemin de fer y finit ou se prolonge. Dans le nôtre, un jeune homme manifeste aussitôt des instincts révolutionnaires. L'Italien se distingue du Suisse à la façon dont il éreinte son Gouvernement.

Sous un soleil ardent, nous traversons la Toce en de longues cages, qui sont des ponts métalliques. Nous doublons des localités plus ou moins vieilles, plus ou moins peuplées, près d'affluents quelconques. L'Ovesca sert de déversoir au petit lac d'Antrona et l'Anza arrive du mont Rose. Anza et Ovesca sont sur la rive droite. De l'autre côté, des ruisselets sont taris, y compris la Tocetta. Par contre, l'éloquence de notre transalpin coule, infatigable.

Ex-coureur cycliste, réduit à représenter des gâteaux secs et de la confiserie poisseuse, il parle un français amusant, se montre dur au roi, et me paraît plutôt républicain. Il vécut à Londres, franchit l'Atlantique, adore Paris. A peine a-t-il trente ans. Ne serait-il pas un peu Gascon ou Marseillais ?

Je ne le lui reproche point, vu son amabilité, son entrain, la façon dont il nous distrait jusqu'à Gravellona, puis l'empressement avec lequel il nous passe nos valises, nous souhaite mille bonheurs, nous promet la fin prochaine de la Triple Alliance, en présence d'un breack qui dessert Pallanza et de cochers qui iraient au bout du monde.

Il suffit de nous porter à Stresa. Qui le veut ?

Trois acquiescent, d'une même voix. Je choisis le moins mal

vêtu. Il emmène son « deux places » et revient avec une américaine, attelée d'un cheval nerveux. L'Italie est toujours la patrie du « corricolo ».

Maintenant la route impériale pique droit dans l'est, large, peu ombragée, jalonnée de poteaux télégraphiques qui sont des monolithes de granit, sur lesquels furent fichées des tringles.

Nous sommes dans la région des carrières. Celles de Fériolo

Stresa.

et de Baveno fournirent les matériaux de la cathédrale de Milan, de la basilique romaine de Saint-Paul hors les Murs, de la plupart des monuments lombards. Je les rencontre, après une lieue d'alluvions, au bord de la baie où tombent au lac la Toce et la Strona, baie exquise, baie inoubliable, que limite la pointe della Castagnola, où sont ancrées les quatre îles Boromées.

Oh! la chanson de Mignon!...

C'est bien là le lieu où on voudrait vivre et mourir, où des hommes de marbre vous tendent les bras, où se noue la féerique complicité du soleil, de l'onde, des fleurs, de l'éternel printemps.

A cette heure, flambe tout le décor, si délicat au matin, si mélancolique au crépuscule. Nous avons laissé à gauche le chemin de Pallanza. Le nôtre épouse les caprices du rivage, et frôle le pied des monts aux verdures profondes. Des carriers entassent des blocs sur des estacades, et des mineurs font sauter la pierre aux bouches des tunnels en construction. Voici l'archipel des Rêves, baignant ses corbeilles dans la transparence jumelle de l'eau et du ciel.

Isola Superiore aligne ses maisons de pêcheurs, son église, ses hardes si proches du lac qu'elles y trempent; un bec minuscule la termine, avec un banc, sous quatre arbres.

Isola Madre, plus au large, est plus vaste, plus sauvage, bosquet de ramures où n'abordent que les canots, où logent seulement des jardiniers, où se trouve « le parc anglais », où l'on dormirait sous les branches sans désir du réveil.

Isola Bella, voisine et cadette de la Superiore, près de terre, est la reine, l'étoile, la benjamine. Elle fut un récif, avec un oratoire et quelques logis, avant que le comte Vitalien Borromée l'adoptât, la transformât. De 1650 à 1671, il édifia le palais et traça le jardin. Celui-ci est rococo et charmant; celui-là est incomplet et princier. Tous les poètes devraient y avoir passé.

Vite, vite, cocher!... Tu nous racontes que les Borromées furent une puissante famille, qu'ils ont fourni un ambassadeur au Pape et un saint à Dieu, qu'ils possèdent tout le pays, qu'ils ont en outre un nid de vautours vers Luino. Je le savais, ou l'ignorais. Vite, cocher, vite à Stresa, la perle ducale, bâtie de villas somptueuses!...

Celle de la duchesse de Gênes bat pavillon italien. Un hôtel pour nos bagages, et une nacelle pour nous, s. v. p.

Je prends les rames. Elles rident à peine la nappe de clarté. C'est une traversée, sur du cristal, vers de l'irréel.

Large, solide, somptueux, le Palais reste inachevé. Son perron monte du lac à la cour dallée que défendent deux petits canons d'étagère ou de musée. Un latanier y pousse, tout seul, et un cicérone vous introduit par l'escalier de marbre.

Nous parcourons les chambres, les salons, les pièces énormes, meublées de chefs-d'œuvre, peuplées de souvenirs. Des bibelots, des toiles, des bijoux, s'entassent. Les tombes des maîtres sont à la chapelle et les descendants occupent l'autre aile, sinon leur palais de Milan, ce pendant que passe chez eux la foule des badauds, remorquée par les gardiens.

Ici Napoléon dormit avant Marengo, et là Berthier, « son secré- « taire », eut son quartier général. La « salle du Trône », aux quatre cariatides, aux meubles précieux, montre, sous le dais orgueilleux, les lits où couchèrent Caroline d'Angleterre et Charles-Félix de Sardaigne. Moi, je reviens encore, toujours aux fenêtres, aux balcons, aux échappées vers le lac intense, que des voiles tachent, telles des ailes, et où l'Isola Superiore semble flotter, telle une arche.

Le jardin, avec sa cascade en rocailles, sa contexture géomé- trique, ses arbres tropicaux, ses nymphes et ses tritons, me plairait moins, quoique botanique, s'il n'étageait son belvédère, à l'issue de la galerie des Gobelins.

Les « grottes », sous-sols aménagés, arcanes et retraites, font soubassements aux dix échelons de l'étonnante terrasse. Au nord, sont les orangers; à l'est, sont les citronniers et les cédratiers; au sud, sont les palmiers et les magnolias. Des lierres énormes tombent comme des draperies, oscillent comme des lustres. Deux escaliers de mystère, d'amour ou de fuite, descendent au lac subrepticement. Pourquoi ne permettre de stationner, que le temps d'échanger un bouquet contre un pour- boire ou de marauder une bouture de laurier-rose?...

Les colombes volent autour des visiteurs, les branches mur- murent, les vagues bercent leur morbidesse, et l'immense pano- rama rayonne, vu de la plate-forme ornée de statues moisies, de conques vermoulues, dont chaque fragment est maintenu par une agrafe de fer rouillé, énorme « pièce montée » au sommet de laquelle le cheval-marin se cabre dans l'azur.

Armé d'un énorme rotin, le jardinier gaule le camphrier, dont il distribue les feuilles odorantes.

Au nord, ce sont les neiges alpestres. Au sud, ce sont les oli- viers dans les vignes, avec le mont Mottarone. Et le soleil des- cend doucement, vers les cimes piémontaises, dans la paix de tout ce miroitement silencieux, où les objets semblent suspendus, comme nos âmes.

Lunchons-nous? Soit!...

L'auberge est au bord du Lago Maggiore. Plantée de bam- bous, sa tonnelle grouille de clients. Des nonnes sortent de l'église, emmènent une procession de fillettes, de vierges, à l'estacade où stationne le « piroscapo » loué par elles. J'écoute trois musiciens, mandolines et guitare, entamer pour la Madone le premier *prélude* de Bach, l'*Ave Maria* de Gounod. Oh! l'angoissante et délicieuse prière!...

Elle pleure, s'énerve, monte, s'apaise, se prolonge, s'exaspère, se pâme en une poignante exhalaison. Elle revient, ramène plus tendre le cantique, en étouffe doucement les révoltes. Elle le termine par un spasme suprême, dans la plénitude d'adoration. Attendrie, satisfaite, elle respire alors, elle s'endort enfin, tandis que le soleil se laisse choir, comme vaincu par l'admirable et fol épanouissement de cette soirée et de ce paysage.

— *Partenza, signor?*... demande le batelier.

— *Si volete.*

Et nous quittons Isola Bella, poursuivis par les mandolines et la guitare.

Je ne rame plus. Les ombres descendent et s'élargissent. Le lac passe de l'argent en fusion au bleu tendre. Le paquebot des béguines, qui s'éloigne lentement, nous envoie l'écho régulier de ses roues. Qui donc chantera, dans ce retour, quelque romance latine?...

Nenni-da! nous sommes accueillis par les rugissements d'un faux cannibale, exhibé en compagnie d'un ours pelé, à l'abri d'une baraque foraine, sous les charmilles de la place publique de Stresa, ce pendant que sonnent les soupers des hôtels, et qu'un vieux mendiant joue de l'accordéon à des charretiers.

II

PAR NOVARE

Toute la soirée, l'ours a grogné, le cannibale a rugi, la population s'est groupée devant le bonisseur. De temps en temps, il adressait à son faux anthropophage des recommandations en français, quoiqu'il nous eût devinés. Les torches fumaient, âcres. Tout cela s'accommodait avec la splendeur de cette nuit étoilée, où le vent portait au rivage les parfums de l'Isola Bella.

Phœbé jetait une traînée laiteuse dans le miroir translucide. Je regardais, du côté des jardins suspendus, afin de voir la barque de Carlotta (1) glisser sur le flot complice. L'orgue de Barbarie, écrasant ses notes avec placidité, évoquait Clignancourt ou la Villette. Je l'entendis jusque dans mon lit.

— Avez-vous des moustiques ? demandai-je.

— Vous dites ?...

— Des petites bêtes qui font « bziii » et vous laissent des cloques terribles, au réveil.

— Ah! des *zanzari*. Non!...

Néanmoins j'éteignis la lumière avant de rouvrir les fenêtres. Une brise plus fraîche soufflait. Ce fut un engourdissement délicieux, avec la sensation du paysage, de la proximité des choses, de se savoir enfin au milieu de son envie.

Les îles respiraient, là, à quelques encâblures, parmi la pamoison des roses, des œillets, des tulipes et des magnolias.

Le lendemain, hélas! il fallut leur tourner le dos.

Le « piroscapo », façon lemantine, est moins luxueux et moins grand. Nous déjeunâmes sur le pont. Nul orchestre ne masquait

(1) Le *Parfum des îles Borromées,* par René Boylesve.

l'insuffisance d'un « prix-fixe ». Mais le pays se mit à défiler. Nous avions embarqué une Parisienne élégante, svelte, blonde. Je reconnais un confrère.

— Vous avez quitté le boulevard depuis longtemps?...

— Depuis un mois.

— C'est beau, hein !

— Oh! très beau.

Maintenant les rives s'abaissent. Le mont Rose se distingue encore, au nord, et la plaine se devine déjà, au midi, par delà les collines semées de villages clairs.

A Belgirate, je note la nuque d'un buste, sur un piédestal. Angera amuse par son castel, son mur crénelé, ses auberges peintes. Sur la colline, la statue de saint Charles Borromée annonce Arona. De son château, l'incendie de 1800 n'a laissé que le « relief », conservé à l'Isola Bella.

Né ici en 1538, mort en 1584, canonisé en 1610, il fut grand seigneur, grand chrétien, et cardinal-archevêque de Milan. Ses contemporains, dès 1697, lui érigèrent cette effigie, haute de 21 mètres. Le piédestal en a 13; la tête, les mains, les pieds sont en bronze; la robe est en cuivre battu. On monte dedans, pour dix sous. Orgueil d'une race, ce prêtre domine encore le lac splendide, où son prestige et sa suzeraineté survivent aux luttes civiles et aux invasions.

La gare d'Arona, quoique vaste, sue la crasse avec le salpêtre. Les employés perdent la tête, pour deux trains à expédier, l'un vers Milan, l'autre vers Novare. Au guichet, devant moi, trois personnes exhibent des certificats, des titres, des paperasses qui provoquent d'interminables écritures. J'achève l'affolement, en réclamant un billet direct pour Ivréa.

Le buraliste interroge plusieurs barêmes, combine des colonnes de chiffres, ajoute la surtaxe d'express, finalement me découpe un ticket extraordinaire, en zigzag, et l'on m'empoigne, me pousse sur le quai, me jette en wagon.

Ouf! le convoi s'ébranle. Bénévole, il chemine à travers la campagne mamelonnée, plantée en maïs, en mûriers, bien cultivée, qui s'égalise peu à peu en une plaine où les maisons, les murs, les ponts sont de briques rouges, comme en Picardie, comme en Flandre. Des paysans passent en bras de chemise, et des charrois suivent les routes poussiéreuses. Mo-

Les îles Borromées.

notone et nourricière, la Lombardie ne retient pas le regard.

Du sommet des Alpes, elle parut pourtant, telle Chanaan, aux soldats de la République et de l'Empire, lorsqu'on la leur montrait en disant :

— Descendez, battez-vous, soyez victorieux, et mangez!...

Par cette fin de journée estivale, où les cultivateurs rentrent du labeur, je me souviens surtout des choses énormes, des glaciers glauques, des cascades éblouissantes, tandis que la locomotive siffle au disque.

Novare surgit. Elle possède 15.500 habitants, le souvenir d'une débâcle piémontaise, sa cathédrale, et le dôme très élevé de San-Gaudenzio. Elle ne manque pas de couleur. Toutefois, on s'y arrête rarement. Je saute en un compartiment du P.-L.-M., ravi de retrouver un morceau de France, un objet à nous, bondé d'ailleurs jusque dans le couloir.

J'y rencontre un Hongrois, né à Constantinople, y vivant, bavard et spirituel, qui voyage pour ses affaires, emportant la photographie de sa famille : un doux visage de femme, une demi-douzaine d'enfants, un joli bébé à cheveux bouclés.

— Celui-ci vit le jour au moment où les Turcs chassèrent les Arméniens. Ils les reconnaissaient et les assommaient net, d'un coup de trique sur le crâne. Plus de trois cents tombèrent autour de moi, sans se défendre. Deux Européens seulement périrent, par erreur. Un autre de mes fils naquit auparavant dans un cimetière, pendant un tremblement de terre.

— Et vous aimez Stamboul ?

— Oh! oui. Nous avons passé trente-six heures, cadenassés en nos voitures. J'ai traversé la Bulgarie et la Serbie, sans pouvoir mettre le nez dehors, à cause de la peste. N'empêche, le Bosphore est admirable.

La ligne est à double voie, très passagère. Des Piémontais, à faces de maquignons richards, somnolent en leurs longues blouses. Nous filons à travers le pays de la malaria, irrigué d'une eau endormie, qui fertilise des rizières. La Sesia coule lentement et baigne Verceil, plus peuplée que Novare, moins intéressante encore, malgré ses églises, dont une date du XIIIᵉ siècle. Soudain, les Alpes reparaissent sous l'horizon bleu, panoramiques et lointaines, avec le mont Rose dans toute sa splendeur.

Nous allons frôler, une par une, les vallées charmantes qui s'enfoncent en leurs replis. A Santhia, la ligne routière de Biella, dessert une demi-douzaine de localités hydrothérapiques au fond du val d'Oropa, et détache une bifurcation sur Ivrée, par Gandria. A Chivasso, s'aiguille le train d'Ivrée et Aoste, qui remonte le cours de la Doire Baltée, jusque sous le mont Blanc. J'ai trente minutes d'arrêt.

La nuit tombe. Je retourne vers les montagnes, par une série de rampes. Le lac de Gandria est à peine visible. Les ténèbres épaissies ne laissent plus rien voir.

A Ivrée, le quai est surveillé. Des gendarmes gardent un compartiment, près duquel s'empressent des officiers, en grand uniforme. Retour d'une ascension, le duc d'Aoste court aux obsèques de Crispi. On nous dirige vers la sortie.

Un vieil omnibus, conduit par un vieil homme, me porte à un vieil hôtel. Je devine la Doire au grondement qu'elle fait sous un pont élevé, qui nous mène à une ville culminante. De ruelles en ruelles, longeant les trottoirs, tournant et s'engageant, le véhicule aboutit à une salle à manger vide.

Un factotum quinquagénaire, mal rasé, râpé, s'empresse à servir le dîner improvisé : soupe de légumes, côtelettes milanaises, macaronis à la napolitaine. Le vin, épais et noir, se verse en des carafes dont une chaînette tient le bouchon. Trois personnages entrent, s'assoient, commandent un litre.

L'homme est un ouvrier, qu'ont entraîné deux femmes, une vieille en bonnet, une jeune en cheveux. Celle-ci, étrange créature, gesticule, clame, narre avec passion le récit d'un crime, prend un couteau et fait le mouvement du meurtre. Où suis-je?...

Ils sortent. Le garçon me conduit à un second étage mansardé. Il pousse une porte, sur un balcon, sur une cour noire où pendent des loques. Où vais-je?

Il a ouvert une deuxième porte, vitrée. C'est ma chambre. O surprise!...

La pièce est vaste, le mobilier est luxueux, les tapisseries seules restent inquiétantes. Au mur, se trace l'embrasure d'une trappe. Tout le dîner me revient, avec la mimique de la fille qui poignarde, de la vieille qui la contemple, de l'homme en veston sale qui l'écoute.

Je hausse les épaules, car je me souviens avoir signé au livre derrière un professeur, en costume de cycliste, qui remplissait dans un coin des cartes postales.

Cet Italien sait où descendre. Je puis dormir tranquille, au son de quelque sérénade innocente, et fermer les yeux, afin de revoir l'Isola Bella. Nul assassin ne marchera dans mon mur, pendant que les colombes éventeront de leurs ailes le rêve posé sur mes paupières closes.

III

VALLÉE BILINGUE

Au grand jour, les spectres eux-mêmes se dissipent, les choses reprennent **leur phys**ionomie naturelle. Je pousse mes volets sur une rue quelconque, **mal** pavée, inoffensive. Je quitte
ma chambre, et retrouve le balcon. **Au-dessous**, la cour distribue simplement l'air aux communs de l'**établissement** et le
soleil à la lessive. Dehors, je rencontre même la **narratrice** tragique.

Elle est plutôt vulgaire, sous la coiffure qui descend aux
oreilles en mèches provocantes, et elle débarbouille un mar-
mouset.

Ivrée enfin se montre préfecture de dix mille âmes, siège d'ad-
ministrations diverses, où la nature se révèle pittoresque, tandis
que l'inévitable place Charles-Albert, blanchie à la chaux, carrée
avec des portiques économiques, avoue ses tares : cabarets inférieurs, corps de garde, boutiques basses.

Je reviens au boulevard en terrasse. La Doire secoue en bas
ses flots savonneux, et déferle par-dessus le barrage. Au delà,
s'étend la campagne. Trois ponts traversent : un de fer, un de
pierres, un plus vieux.

Le premier, sort d'une tranchée, aboutit à un tunnel. Le
second, parallèle et supérieur, dessert la route. Le troisième,
encastré dans une gaine de granit, fut jadis l'unique accès de la
cité. On a aménagé en promenade l'ancien bastion, puis scellé
à son roc un bas-relief de bronze, assez intéressant, dédié à
Victor-Emmanuel, libérateur de la Patrie, sous le règne d'Umberto et de Margherita.

Une eau y tombe et une cigale y chante. Accoudé au parapet,
je regarde Ivrée, son visage piémontais, ses églises décrépites.

Mais un train, ébranlant la ferraille du viaduc avec fracas, me rappelle au sentiment de l'unique express quotidien.

Il m'emmène, repasse devant le panorama, s'enfonce dans sa souricière, débouche sur la vallée. Elle est d'abord commandée par la ruine de Montalto-Dora. Puis d'autres aires s'écroulent pareillement. Les montagnes s'échelonnent en vignes, s'étagent en bois de noyers et de châtaigniers, se dénudent au sommet. Coupée et recoupée, la Doire Baltée évolue parmi les galets, les sables, les éboulis et les déchets.

Pont-Saint-Martin me surprend par sa dénomination. Nous avons à parcourir la vallée bilingue, la vallée d'Aoste, colonisée par les Savoyards, jadis suffragante de Chambéry. Notre idiome y déborde par-dessus les Alpes.

— Voyez donc le fort de Bard, s. v. p. ?

En 1242, Amédée IV de Savoie s'en empara, après un long siège. En 1800, quatre cents Autrichiens y résistèrent aux vainqueurs de Marengo, durant huit jours. La forme actuelle date de 1815.

Verrès possède aussi sa ruine, ancien logis des comtes de Challant. La vallée se resserre. Le « défilé de Montjovet » plaque de maigres pins à des enrochements couleur vinasse. A Saint-Vincent, petite localité thermale, monte dans le compartiment un prêtre vif, brun, loquace, qui m'accable aussitôt de ses prévenances.

— Je suis Français de nom et Italien de naissance, dit-il, car je m'appelle dom Francese, recteur en Piémont.

Ses poches sont bourrées de billets à prix réduit, à cause d'un pèlerinage. Je me refuse à l'en dépouiller. Au moins lui permettrai-je de me piloter en la cité d'Aoste.

— Vous êtes bien aimable, monsieur l'abbé.

— Je suis journaliste comme vous, dans une feuille démocratique et catholique de Turin. Le secrétaire de Son Éminence, le cardinal-archevêque, est mon meilleur ami. Vous me laisserez vous présenter.

— Nenni-da !

La dernière étape passe de la sorte, sans remarquer l'énorme éboulement du Diémoz, ni me rendre compte de l'entrée dans la ville. Tout de suite un pan de mur proclame Rome mère d'Aoste. Le square contient un Victor-Emmanuel de bronze, en chasseur, le pied sur le gibier, sujet pour pendule, baryton pour opérette. La place Charles-Albert est la seconde édition de celle d'Ivrea : même colonnade, avec toit pointu au milieu. Dom Francese nous conduit à l'hôtel, où il donne un paquet et des instructions au garçon.

— Vous me direz franchement votre opinion.

— Sur Crispi?... Je viens de voir le drapeau en berne. Il est mort.

— Il a causé autant de mal à mon pays qu'à ma religion. Dieu lui pardonne ! Mais je vous parle de mes truffes, que je vais vous faire goûter.

Il en a conservé une, d'un blanc gris, qu'il râpe sur l'omelette. Les autres reviennent en entremets, enduites d'une crème de fromage fondu. Loyalement, j'en proclame la succulence un peu vive, quoique onctueuse. Après quoi, nous nous sentons plus à point, afin de déguster l'antiquité.

Au bout d'une rue, je passe sous la Porte Prétorienne, coiffée d'un placage vulgaire. Plus loin, l'Arc-de-Triomphe d'Auguste se tient ferme, sur ses dix pilastres corinthiens, recouvert de tuiles sales. Au delà, à demi enfouie, émerge l'arche d'un pont. Décidément *Augusta Pretoria Salassorum* veillait jadis, sentinelle solide, aux mêmes jonctions par Petit et Grand-Saint-Bernard.

L'abbé nous ramène, enfile une venelle, longe une placette ombragée. Demi-nu, un *bambino* y dort, parmi la poussière. On lui glisse un décime et lui réclame le chemin de Saint-Ours.

Le bonhomme écarquille ses yeux, démêle sa chevelure, soupèse la pièce, se décide.

Nous sommes devant une église du XIIe siècle, flanquée d'un prieuré à tour octogone et d'un clocher bâti de débris païens. Un vieux prêtre nous pilote au tombeau de l'évêque Gallus, mort en 546, et aux stalles du chœur. J'y distingue les traces d'un jubé, démoli au XIXe siècle. Pourquoi?

Au-dessous, la crypte provient d'un temple idolâtre. Au dehors le cloître est grillagé comme une volière, à cause des Anglais qui brisaient les colonnes pour enlever les motifs. Notre cicerone, val-d'Aostan convaincu, déplore l'annexion de 1860.

— Oui, Monsieur, dans vingt ans, le français aura disparu. Autrefois, nous ne comprenions même pas le sarde. Vous

Aoste.

avez décapité notre race, en nous détachant de la Savoie.

Oui, mais nous avons raffermi la nôtre, rendu à ses origines une province, empêché les bersaglieri de nous narguer jusqu'à Pont-de-Beauvoisin, et interdit à Guillaume II de parader en Annecy.

Le souvenir des frères de Maistre détourne la conversation. Tous trois fréquentèrent céans. L'un d'eux, promu évêque d'Aoste, mourut à Turin, en venant prendre possession de sa mitre. La thèse du prêtre s'appuie sur de tels souvenirs.

— Excusez-moi, Messieurs, de vous quitter pour l'enterrement d'un enfant.

Quatre camarades le portent en sa bière drapée de blanc, telle une boîte à violon. Les autres ont chacun un cierge. Chantant un cantique à la gloire de l'ange envolé, ils passent sous le porche, où notre galopin les a attendus, ses dix centimes au poing.

La cathédrale, face à l'évêché, n'a pas la couleur de Saint-Ours. Le trésor prend surtout l'intérêt de m'être détaillé par l'infatigable ecclésiastique. Il a rencontré, dans la sacristie, un camarade de séminaire, auquel il ne fait grâce d'aucune de mes qualités. Après quoi il s'empare du bedeau, si bien qu'il ouvre les tiroirs, vide les armoires, livre les moindres secrets d'une fortune archéologique.

En un placard, or, argent, cuivre, gemmes, des reliquaires aux formes d'idoles renferment la mâchoire de saint Jean-Baptiste, ou les restes de saint Joconde, ou ceux de saint François de Sales, mais la merveille est le missel de 1411.

Demeurées dans leur fraîcheur d'enluminures, ses pages pourraient se développer encore au lutrin. Il fut la principale pièce d'une Exposition Vaticane. Les Anglais, naturellement, en offrirent une somme fantastique. On le tient en une cachette, moins hermétique néanmoins que celle ménagée dans le pied d'un meuble, afin d'enfermer les camées. L'un représente une impératrice, et l'autre un empereur. Sur ivoire, le diptyque du consul Probus, montrant Honorius à la paix, Honorius à la guerre, date de 406. Tout ceci, qui vous laisserait froids en un musée, parmi les pièces jumelles, amuse, parce que le cadre y prête et que le guide y croit.

Il nous laisse ainsi acculer aux vêpres capitulaires, si près que

nous devons nous enfuir, tandis que les chanoines commencent
à psalmodier.

Nous nous dirigeons de nouveau vers la place Charles-Albert. Contre un mur, se décolore une minuscule affiche électorale.
Elle annonce que « les électeurs du Mandement de Mornex, réu-
« nis en comité, ont décidé de présenter aux électeurs le mar-
« quis X... ».

Elle ne dit point pour quelle fonction. L'abbé ne le sait pas
davantage. Mais je me sens une émotion, à revoir ensuite les
drapeaux descendus à leur hampe, le nœud de crêpe, l'hómmage
officiel rendu à Crispi, gallophobe systématique, en cette Aosta,
au milieu de gens qui vont aux urnes sans parler italien, si près
de la frontière où flottent nos trois couleurs.

IV

L'ENVERS DU GÉANT

A l'hôtel, je réclame un voiturier. Tous sont au service de la Madone. Je propose alors de me porter tout carrément en France, à Bourg-Saint-Maurice. Ce n'est plus qu'une question de prix. Dom Francese brandit aussitôt ses coupons.

Je le supplie de ne point insister, car le sourcil du loueur se fronce déjà. Nous tombons d'accord. En un landau, nous quittons Aosta par une ruelle mal pavée.

A gauche, pointe la « tour du Lépreux », où vécurent Guasco et sa sœur Angelica, elle jusqu'en 1791, lui jusqu'en 1803. Ailleurs, celle de Bramafan (brâme de faim) vit un comte de Challant, par vengeance conjugale, faire périr d'inanition une épouse coupable. Réellement, ce sont les débris quelconques d'une enceinte effondrée, parés d'une auréole imaginaire.

Je les regarde fuir comme on tourne la page d'un livre familier. La voiture roule maintenant vers les Alpes. Un éboulement, à sénestre, semble une butte de polygone, de dessin géométrique. Devant moi, le glacier du Rutor s'insère, très huché.

Sur un rocher, cet édifice moyenâgeux, aux pierres mal cimentées, aux fenêtres solidement grillées, vraie Bastille, est le féodal et cynégétique « château de Sarre ». Victor-Emmanuel et Umberto y venaient chasser le bouquetin, gibier réservé à eux seuls, sous les plus graves peines, voire moyennant un louis payé, par corne d'animal mort, à qui justifie ne l'avoir pas tué. Les castels vont se succéder.

Celui d'Aymaville, restauré, pareillement massif, se flanque de quatre tourelles. Les deux de Saint-Pierre couronnent des rocs. Celui d'Argent avoisine Villeneuve, que suit celui d'Intred.

Le clocher de Saint-Nicolas complète une semblable éminence, près d'une cascade fluette. Nous prenons un défilé noir, dominé de cultures en gradins, avec la Doire bouillonnante.

A Arvier, l'attelage respire, près d'une table où des charretiers jouent aux dés. Liverogne domine une fissure où rugit la rivière, au pied d'un « Chemin de Croix ». L'ex-voie romaine, plus audacieuse, avec pont, nous côtoie. Les châtaigniers disparaissent, l'horizon se restreint, la route se colle à une falaise, le glacier forme toujours mur de fond. Lentement, partiellement, la chaîne du mont Blanc se dégage, dans le ciel, puis s'évanouit.

Après une croix, un tunnel, des reboisements, des éboulis et un viaduc, le hameau de la Salle se montre, la vallée s'égaie de vignes. La cascade de Derby tombe à gauche, en plusieurs bonds, parmi les pierres recuites. Des cultures de blé surprennent, tels des mouchoirs jaunes, étalés sur le talus noir. Nous distinguons à présent, dans la délicatesse du crépuscule, les Grandes-Jorasses, le glacier de la Brenva, l'encolure énorme du Géant.

L'ombre descend, tandis que nous rejoignons un peloton de fantassins, las et poussiéreux. Le chien du cocher aboie furieusement. Les militaires lui font la nique. Ampoules aux pieds, ils marchent vers les ampoules électriques de Morgex, et nous les y précédons.

La nuit est complète, quarante minutes plus tard, en arrivant à Pré-Saint-Didier. Sous les grands arbres, il existe ici des thermes, fréquentés plus ou moins. Les lampes publiques éclairent à peine, mais nos lanternes projettent des clartés soudaines sur les silhouettes falotes des estivants, valétudinaires et désœuvrés.

Nous tournons, descendons, franchissons la Doire, recommençons à nous élever.

Il fait très noir. Des éclairs lointains enveloppent les sommets, du côté d'Aosta. Un homme nous croise, à califourchon sur sa mule ornée de grelots. Les maisons de Palésieux forment des taches régulières, au bruit familier d'un ruisseau invisible, qui câbriole à travers les prairies. Afin de reposer les chevaux, on marche.

Cette ascension présente l'avantage d'accentuer les tiraillements de l'estomac. Les pas de l'attelage ont les nôtres pour écho. De temps en temps un silex éclate sous un fer. Le cocher claque son fouet et siffle un air, tandis que son chien rôde, entame des enquêtes, flaire nos vêtements.

Les ténèbres peu à peu deviennent moins opaques. Des étoiles brillent. À leur clarté, la vallée prend une mélancolie. Dans la paix et le silence, neuf heures tintent en un clocher, répétées par celui d'en haut, par celui d'en bas, laissant les notes traîner à travers l'espace, sous la chaîne énorme.

— En avons-nous encore pour longtemps?...

— Une bonne demi-heure.

Nous regagnons nos sièges. Les bêtes tirent moins, soufflent davantage, secouent leurs harnais. Le cocher à son tour reprend ses guides. Un coup de trot annonce le but. Courmayeur s'offre, sous l'aspect de granges isolées, puis de logis, enfin d'un rue étroite et mal pavée.

Nos essieux en gémissent. Le fouet multiplie ses avis, non sans ostentation. Les réverbères sont bientôt suppléés par des lampes à arc, devant les vastes hôtels aux fenêtres resplendissantes. L'ambiance balnéaire nous réveille. Ainsi nous accomplissons une entrée sensationnelle, en une cour très claire, au son d'un piano radoteur.

Les garçons s'empressent, les pensionnaires s'étonnent, l'apparition déroute par sa tardivité.

Il y a du bouillon, des œufs, du poulet froid. Avec un vin blanc, quasi gazeux, le menu produit son effet. Puissé-je n'en jamais rencontrer de pire!... Après quoi, je suis tenté par l'instrument.

Un banc est en plein air, contre le grand salon. Une trentaine de personnes flirtent, dansent, tuent le temps. Pas de demoiselles, ou si rares!... Les jeunes gens, fort corrects, assiègent les mamans minaudières, et le pianiste couvre surtout les dialogues de l'éventail.

Suis-je transporté sur une de nos plages secondaires, au casino bénévole?... — Non, je suis à 1.228 mètres d'altitude, au nœud de l'échine alpestre, de l'autre côté de notre Chamonix, en un village de six cents âmes dont les Italiens firent leur bonheur et qui se vante en outre d'eaux bicarbonatées-calciques.

Ce demi-bal, simple prétexte, dénonce le caractère des gens.

Il vaut bien, après tout, les mornes soirées des pensions anglo-suisses. J'y reconnais une parenté latine.

Eux aussi ont senti le Français, qui seul est assez fou pour arriver de la sorte, à telle heure, à telle hauteur, en ce lieu.

Je regagne la chambre, préoccupé maintenant de ma vision du lendemain. Par la fenêtre le piano entre, quoique amorti. Il se tait, vers minuit. Alors, je m'accoude.

Par delà les toits voisins, une forme gigantesque se dessine, imprécise, sous une lune annelée d'un halo léger. Néanmoins, l'atmosphère est sans brouillard. Oh! la bonne lampée, que mes poumons boivent, qui me descend jusqu'au fond!...

L'hôtel à présent s'est résigné au sommeil, derrière sa longue grille refermée. Seuls les chevaux remuent en leur écurie. En face, landaus, victorias, breacks, dressent leurs brancards en quelque évocation aux étoiles. Courmayeur continue sa nuit heureuse, sa nuit d'été, sans neige, sans vent, sans issue, sa nuit que ne trouble même pas le grondement des torrents ni le frisson des insectes.

V

VIVE LA FRANCE!...

Je me lève, par un temps clair. Où est le mont Blanc? Près de la petite église, une étroite terrasse commande le val clos. Au nord, une chaîne plus haute se détache. Je n'y reconnais point le colosse.

Celui-ci est d'un gris rougeâtre, avec le relief aigu, non d'une blancheur souveraine, avec des allures de fauteuil colossal. A peine retombent des pans de neige, des lambeaux de glacier, comme d'un manteau rejeté négligemment par-dessus une épaule. On m'avoue la triste vérité : le mont Blanc lui-même reste invisible, car un mont de rien du tout, un simple mont de 2.332 mètres, le mont Chétif, s'interpose. A quoi tiennent les choses?...

D'ici sont reconnaissables les contours nord-est de la chaîne : le Grand Flambeau, les Aiguilles Marbrées, celle du Géant et celle de Rochefort, enfin les Grandes-Jorasses.

— Le duc d'Aoste, monsieur, escalada l'un de ces chicots. On fit si méchante mine à la reine Marguerite, qu'elle va désormais au Val Gressoney, par Pont-Saint-Martin, sous le mont Rose. Nous devrions bien avoir un funiculaire.

Je compâtis, juste le temps d'atteler. Nous quittons l'hôtel, tels des criminels, sans nous être montrés, en même temps que tinte l'angelus et que démarrent trois services publics : vers Aoste, vers la Thuile, vers le Petit-Saint-Bernard.

— Ce dernier correspond avec celui de Tarentaise?...

— Plus depuis l'été 1901. La subvention fut retirée au voiturier français. On eut tort.

— Hôtelier, vous avez raison [1].

1. Sur l'intervention de l'auteur, et grâce à la bienveillance de M. Noblemaire, directeur du P.-L.-M., ce service est aujourd'hui rétabli (N. d. l'E.).

La route est charmante, par cette claire et salubre matinée. Les breacks nous encadrent, pleins de gens enveloppés de couvertures. Au fond, sous le mont Chétif, les toits de Dolonne semblent des joujoux. De crochet en crochet, la chaîne se dégage, du Tacut aux Grandes-Jorasses. Les eaux courent, les chevaux trottent, la Doire se fait entendre, et paraît une file d'hommes qui gravissent régulièrement.

Ce sont des fantassins d'hier, en pantalons blancs maculés, le shako emmailloté de toile, le fusil court et en bandoulière.

Je lis le numéro du régiment : 69ᵉ. Les rangs s'écartent. Toujours rageur et antimilitariste, écartelé sur le siège, le maudit chien aboie, hurle, s'étrangle, et devient herniaire à s'exaspérer contre les soldats. A bas l'armée!...

Avant Pré-Saint-Didier, après le pont, notre caravane égrénée entame la grosse étape. Les bornes se relient de garde-fous goudronnés. C'est la route de Napoléon, celle du neveu. Des deux Saint-Bernard, l'oncle prit le Grand et l'autre eut le Petit.

Sitôt la gorge où gronde la Thuile, au fond d'une crevasse dégradée, le paysage change, orienté désormais vers le glacier du Rutor. Point d'arrêt à Éleva. Mais on pose une demi-heure, en une haute vallée, devant les auberges, près la Thuile, que les Romains nommaient : Ariolica.

Le site est fréquenté, au confluent de la Doire du Rutor et la Doire de Verney. A Golettaz, la douane plombe la voiture, pour la rentrée. Je file en escalade, avec le télégraphe, par une sente muletière, pendant qu'on formalise en cette bicoque.

Le Pont-Serrand est haut de trente mètres, sur une fissure. Un bois de pins, des coupures gris ardoise, deux mulets accompagnés de soldats, varient insuffisamment cette zone dénudée. Une source ferrugineuse, cascade non captée, serait propice aux cardiaques. On serpente, ayant toujours le mont Ouille à gauche, plutôt humble.

Des pins maigres marquent, de-ci, de-là, la fin d'un régime végétal. Sur le talus, les edelweiss ouvrent leurs corolles frileuses, vite cueillis. Oh! le bouquet mignard et le joli tableau!...

En file indienne, au son des clochettes, lourdement, lentement, des vaches se hissent sur un mamelon, vers une deuxième maison de refuge, où un chemineau mange son pain sec, savonné d'ail.

Maintenant nous montons le val du Breuil. A 2.000 mètres, sous la tente, un bataillon d'alpins italiens bivouaque.

Les uns déjeunent, d'autres fendent du bois, quelques-uns jouent aux dés. Un groupe dessine, avec de petites pierres, les initiales du régiment : W. B. S., avec la couronne royale. Le mont Blanc se montre un instant, à droite, par une brèche.

Dans la cuvette, le lac de Verney s'immobilise, mignon et vert, sous un second campement, de nouvelles tentes, de pareilles initiales. Des soldats, dégringolant le long d'une rude pente, y vont laver leur linge. Une demi-douzaine de canons sont emmaillotés. La neige survit, contre le mont Ouille, en une plaque.

Ce refuge, barbouillé d'ocre, est celui des Eaux-Rouges, près d'une *mansio romana*. Un hémicycle, formé de cromlechs, livra des outils et des monnaies celtes et latines. Annibal y aurait tenu un conseil de guerre. Alors s'évoque à mes yeux le grand général, parti de Carthage avec ses mercenaires, ses pachydermes, ses lourdes machines, et les soldats de Victor-Emmanuel III me semblent médiocres.

Le col se présente enfin, à 2.157 mètres, pastoral, fort simple, sans horizon, entre deux épaulements, col que traversèrent les légions, col que l'acte de 1860 laissa aux Piémontais.

Voici la Chanousia, jardin d'études. Sur la colonne de Jupiter se dresse, depuis 1886, le Saint-Bernard de bronze, sculpté par le moine **botaniste**, le père Chanoux. Une deuxième statue, plus monumentale, sera bientôt inaugurée. La bâtisse, hôpital-auberge, se montre, carrée, galeuse, annexée de communs, là-bas.

Fondée par saint Bernard de Menthon, elle date du xe siècle. De 1466 à 1750, elle dépendit du Grand-Saint-Bernard. L'ordre Saints-Maurice et Lazare, lequel en hérita, y est représenté céans par ce vieillard, qui tient son rôle bienfaisant, hiver comme été, avec les domestiques et les chiens.

A cette heure, il est débordé. Toutes ses salles sont occupées, les déjeuners se succèdent, et il nous prie d'attendre. Par des escaliers branlants, je grimpe vers des corridors sombres, garnis de cellules vides.

Au rez-de-chaussée une pièce basse, à l'aspect tabagique, est réservée aux pauvres. Ces chemineaux ont droit à la soupe,

au pain, au fromage, au vin, sans même devoir un remercie-
ment. Une chambre sert à la télégraphiste. Le père reçoit chez
lui, parmi les livres, l'offrande bénévole, fixée néanmoins à deux
francs cinquante.

Une belle indulgence illumine ces traits, qu'encadre la chevelure blanche. Il calme les impatients. Je retourne vers la table,
dont de jeunes sots, après avoir mystifié une dame âgée, se
décident à décamper. Ouf!...

Je m'assieds près d'un officier, à physionomie énergique,
colonel du régiment que je viens de voir. Il me complimente
toutefois sur nos troupes. Les siennes lui semblent les plus
belles du royaume.

— J'ai fourni des sous-officiers au duc des Abruzzes, pour
son exploration polaire, et j'ai eu un frère tué à Adoua.

— Vous connaissez la mort de Crispi?...

— Oui.

C'est toute sa réponse. L'heure passe vite, suivie d'une débâcle. Derrière l'hospice, en une plaque marécageuse, poussent des
« chandelles », fleurs velues qui portent bonheur et durent
une année. Elles sont coupées, liées, empaquetées. Le cocher
claque son fouet. *Avanti!*

Trois minutes après, dans un éclair, un obélisque de pierres
frustres se montre, à droite.

A gauche, en culotte blanche, le talon apposé sur une
borne, la moustache relevée, un adjudant se tient, flanqué de
deux gendarmes. Ils ont le bicorne, et lui le béret. D'instinct,
violemment, nous nous dressons, nous poussons un cri :

— Vive la France!...

Alors la vedette se lève, nous salue d'un geste et d'un sourire,
puis s'élance vers le ravin, dégringole à travers les pierres, se
précipite, s'évanouit, tandis que nous décrivons une première
courbe, dans le vallon solitaire où la Tarentaise s'assombrit en
verdures lointaines, sous les nuages qui flânent.

La route est mal entretenue, la montagne s'écaille comme un
eczéma, les pins maigres jettent d'insuffisantes ombres sur les
prés inférieurs, mais je suis en France, chez nous, chez moi.

L'ancienne voie romaine subsiste; la nouvelle longe une pou-
drière, un poste de douanes abandonné, avec une pente douce.
A peine gronde la Recluse. Des paysans portent la main à la

casquette. L'un est accompagné d'un chien Saint-Bernard. Une caravane, bêtes et gens, se rend à quelque hameau.

Celui de la Rosière est le premier, après un petit bois. Puis c'est la Froide, Hauteville, Noyerai. Puis se creuse la vallée verte, où l'Isère met un ruban d'argent. La route de Sainte-Foy et Tignes s'y montre mieux, à mesure que s'abaisse la nôtre. Enfin je traverse le village de Séez, fortifié en 1792, encombré d'alpins qui vaquent à leurs affaires.

— Eh ! là-bas, vous, on ne connaît donc plus la douane?

Notre cocher se cambre sur les guides, en pleine rampe, ahuri. Un petit homme, rondelet, à lunettes, veston de toile blanche, sans uniforme, grommèle et gesticule.

— Allons, reculez, et plus vite que ça. Enlevez ces valises!... Hop!...

J'ai beau faire observer que tout coûte là-bas plus cher, le gabelou fouille, tripote le linge sale, bouleverse mes papiers, prend le numéro de la voiture, et finit par délivrer l'exeat en mâchonnant.

— Aurai-je la correspondance?...

— Celle du soir est supprimée depuis trois jours.

Mon cocher blêmit. Je lui avais promis quarante sous de pourboire, par quart d'heure gagné, afin de la rejoindre. Je le rassure.

— Vous aurez votre argent, mon garçon, mais vous ferez bien, une autre fois, de ne pas exposer vos clients à passer pour des contrebandiers.

Le véhicule repart. Des artilleurs, en bonnet de police, conduisent leurs bêtes à l'abreuvoir. La Recluse se franchit près d'une cascade. Un abattoir précède le pont de Versoyen. Nous pénétrons dans Bourg-Saint-Maurice, jadis défendu par un castel, aujourd'hui envahi par les chasseurs.

Il y en a à profusion, avec leurs officiers, leurs accessoires, leurs fourgons. J'y note un hôtel de ville partiellement occupé de boutiques, une halle à fausses colonnes doriques, une fontaine sur le fût de laquelle défense est faite de laver, une église pseudo-grecque, un autre marché à pilastres de bois. Le chemin de fer bientôt y viendra. Mon auberge est surtout achalandée par les militaires.

Ils résument l'opération du jour, et préparent celle du lendemain. Un général est attendu. Je l'apprends au souper, après lequel je parcours une seconde fois l'unique rue, aux rares lumières. Au même instant un peloton d'alpins prend le pas gymnastique, un clairon sonne le rassemblement, et une émotion se propage.

— Qu'y a-t-il donc?

— Un incendie vient d'éclater, dans les environs. C'est le deuxième, depuis ce matin. Pas drôle!...

Je regarde s'éloigner ces braves, qui arrivent à peine, qui courent **vers** le malheur avec tant d'ardeur.

Le ruisseau **coule** à pleins bords. Les peupliers murmurent dans la nuit. Je songe aux **pauvres** diables qui la commencent, affalés devant les débris fumants **de leur** logis, regardant fuir en fumée noire le pain blanc de toute l'année.

VI

A notre départ, les troupes ont déjà évacué le bourg. Nous trouvons le populaire dans la rue. Femmes et filles, en tablier de soie, sont coiffées d'un bonnet pseudo-russe, nommé : frontière. Les veuves l'ont noir; les riches l'incrustent de pierres et verroteries; les autres se bornent à y accommoder leur chevelure. Elles causent aux hommes, quelconques avec des chapeaux de feutre inesthétiques. En route!...

La voiture publique, presque vide, tout de suite surplombe l'Isère. Par delà, fument encore les braises de la catastrophe. Quatre maisons flambèrent d'abord, en un hameau, puis douze, en un second. On arrêta des individus louches, qui fuyaient. La malveillance n'est assurément pas étrangère à l'événement.

Avant Bellentre, nous frôlons un calvaire, don d'un sourd-muet. L'église y a de particulier que son clocher oscille, quand on sonne. Des marchandes vendent des petits pains dorés, très tentateurs. Pouah!... Ils sont au safran et sentent le poisson cuit en Provence.

— Il faut les manger chauds, explique le cocher.

Nous traversons le plateau mobile du Neiget. Des excavations noires, dans le talus, sont des galeries minières, récemment utilisées. Elles m'expliquent la rencontre d'ouvriers barbouillés de suie. Tout Aime est à la messe.

Ce fut *Forum Claudii*, puis *Axima*, ville des Centrones, devenu chef-lieu cantonal. On y possède un « Temple de Diane », outre les ruines du château des sires de Montmayeur, reliées souterrainement à la tour croulante de Saint-Sigismond. Des gens chantent un chœur en patois, dans un cabaret invisible.

Après ce relai, un grand séminaire couronne, tel une caserne

grise, un gros•roc porphyrique. Les maisons de Villette sont
desservies, à droite. Le Saut-de-la-Pucelle nous force à suivre
une gorge abrupte. Puis un tunnel esquive une cascade, qui déborde avant, qui tombe après, qui arrose la poussière. C'est « le
« détroit du Sieix », où les Centrones arrêtèrent un instant Annibal. Un hameau se nomme encore : Centron. L'ancienne route,
comme au Val d'Aoste, passe par-dessus, et un canal de dérivation chemine souterrainement.

Le gouverneur de Haute-Tarentaise résidait à la Pérouse. Les
archevêques de Moûtiers possédaient une forteresse, au roc de
Saint-Jacquemoz, du nom de saint Jacques l'Assyrien, qui
évangélisa la vallée. Lesdiguières la déféodalisa, en ses ran-
données niveleuses. Tout le long de la route, de superbes noyers
tendent leurs fruits verts, qui nous noircissent les doigts, mais
ont des saveurs grassouillettes.

Le cocher collabore à la maraude et prête son couteau. Près
d'une guinguette, un petit lac vert sommeille au soleil, muni
d'une barque crevée. Ici les eaux captives dévalent, en des
tuyautages énormes, vers une usine de soude. Nous arrivons
au niveau de l'Isère, encadrée de hauts peupliers, que la gorge de
la Sauliette conduit à Moûtiers, petite sous-préfecture, ex-capitale
de la Tarentaise.

Elle fut *Darentasia*. Charlemagne y donna un archevêque au
monastère, fondé par saint Jacques, dès le ve siècle. L'ayant dé-
fendue contre ceux de Briançon, Humbert II l'annexa à son duché de Savoie. Pierre de Champagny, qui y naquit en 1225, fut
pape en 1276, sous le nom d'Innocent V. La Révolution renversa le siège, qu'un évêque releva seulement en 1825, et qui
survit à l'annexion, anachronique et extra-concordataire, sous la
juridiction de Chambéry.

Scieries, cabarets, casernes, le tout toituré d'ardoises poussiéreuses et grises comme la cathédrale, font Moûtiers mélancolique et neutre, malgré le tramway intermittent qui dessert
les banlieues thermales.

J'y monte. Sitôt la rivière traversée, il s'engage dans le val du
Doron. Ombragé de beaux platanes, Salins y est un faubourg,
après avoir été une ville.

Au xive siècle, ses collines l'engloutirent, telles des laves.
On l'a rebâtie. Elle existe par ses thermes, qu'un même établis-

Brides-les-Bains.

(Photographie du Syndicat d'initiative de la Savoie.)

sement contient avec l'hôtel. En face, stagne un petit square.

Le tramway franchit un pont, gagne une rampe, balconne, laisse quelques voyageurs à des haltes, puis s'arrête à l'entrée de Brides-les-Bains.

Les sources, rivales de Carlsbad, réduisent l'obésité. J'y aperçois aussitôt des messieurs très gros, des dames ultra-replètes. Bains, hôtels, kiosque à musique, cercle-théâtre, tout tient dans un terrain, maigre au contraire comme le jardin de la Pépinière. Derrière, clame le torrent, près d'un jeu de tennis et d'une salle de billard. Plus loin, la buvette, que complète une piscine minuscule, est placée en une galerie-véranda.

La route, qui grimpe, délimine cet ensemble gracieux, exigu, ramassé. Dehors, un jardinet porte un nom : Square de Cythère, du bois qui lui sert de parrain, ayant lui-même Vénus pour marraine. Plus tard le tramway ira plus loin, à Villard-de-Pralounan, au pied du massif de la Vanoise, où l'ombre de Félix Faure erre encore, coiffée du béret.

Céans, il se réduit à un fourgon, où nous nous entassons, parmi les colis. Soudain, au sortir de Brides, nous jetons un cri. Sur la voie unique, droit à nous, une autre voiture arrive, en pleine vitesse. Les deux s'arrêtent nez à nez, à moins de trois mètres.

— C'est la faute du contrôleur, dit notre wattman.

Nous ne l'avons pas moins échappé belle.

A Moûtiers, le train nous attend. Il part, enfile un tunnel, utilise à son tour la vallée de l'Isère. Notre-Dame-de-Briançon possède ici d'autres sources, auxquelles manque une compagnie vivificatrice. Ce défilé fut, au IX° siècle, un coupe-gorge où les seigneurs rançonnaient et briançonnaient avec entrain. Catinat dut raser leur donjon. Je le vois, avant Albertville, qui m'ouvre la « combe de Savoie ».

Incendiée et démantelée au XVI° siècle, Conflans, la vieille ville, fut prise sur son roc par Lesdiguières, en 1600. Bugeaud s'y maintint, en 1815, livrant aux Autrichiens la dernière bataille impériale. On y grimpe rarement, car le faubourg inférieur l'a décimée si bien que Charles-Albert, en 1845, après avoir réuni les deux tronçons, leur donna son propre nom.

Mon compartiment se remet à se dandiner. Je franchis le Chirac, note la « Roche Torse » au-dessus de Grésy, découvre les ruines perchées du château de Miolans, acheté en 1523 par

Charles III, devenu prison d'État, où le marquis de Sade expia
ses folies. Sans trop d'amertume, on l'a désaffecté et détruit.

— Saint-Pierre-d'Albigny !...

Je puis indifféremment suivre vers Grenoble ou Aix-les-Bains.
Non pas !... Il me reste à visiter les Alpes ignorées, méconnues,
du Bas-Dauphiné et de Haute-Provence, où sonne présentement
le clairon, où nos troupes manœuvrent sur la frontière.

L'express de Modane traverse l'Isère, enfile la vallée de l'Arc.
Mines, fabriques, plâtrières animent d'étroits bassins, qui sont
des vergers. Sur un rocher, une chapelle récente marque l'emplacement du fort Sarrasin ; sur un autre, est la tour de Bérold
le Saxon, qui fit d'Humbert aux Blanches Mains le premier comte
de Maurienne.

Encore une capitale déchue, un évêché extra-départemental,
une sous-préfecture dont la cathédrale seule évoque la supré-
matie. Saint-Jean-de-Maurienne, avec ses 3.300 âmes, vivote
humblement. Paix à son sommeil !...

Souterrains, défilés, torrents, menaces d'écrasement et de
submersion, les contreforts boisés se coupent de ravins vertigineux, où se débitent les futaies, voire l'anthracite. Un chapelet
de petites bouches noires longe une sente chevrière. Les paysans
y vont chercher le combustible, dans des hottes, pour leur
usage, comme on va cueillir des moules, sous la falaise de
Dieppe.

Au Pas-du-Roc, la Valloirette, tombée d'une fissure, confec-
tionne l'aluminium. Une deuxième usine vend du « ciment émi-
« nemment hydraulique ». Cet adverbe est plutôt drôle, sur une
enseigne.

Il l'est moins que d'avoir attribué à cette chute et à cet îlot
usinier le nom de Calypso. O pauvre amoureuse, fallait-il
troubler ton sommeil, et te mettre aussi à la meule utilitaire ?...

J'arrive ainsi à Saint-Michel-de-Maurienne, bourg au clocher
pointu, où se décortique le riz piémontais, se dévident les co-
cons de Provence, se sèchent des pâtes alimentaires sur des
claies napolitaines.

Je m'y arrête. L'air y conserve la fraîcheur des forêts, des
monts, de l'onde mousseuse. Dès quatre heures, le soleil descend derrière le fort du Télégraphe, dont la grande ombre s'élargit peu à peu sur l'assise des Alpes.

— Vous voyez, Monsieur, tout là-haut, ces baraques?... Anastay, le lieutenant assassin, y vécut plusieurs mois. En dessous, près ce rai noir, le cadavre du capitaine de France, victime du devoir, fut retrouvé, après des semaines de recherches, de soupçons, d'angoisses. Le père est venu relever les restes de son enfant, qu'il a emportés.

Le destin a-t-il voulu faire laver par les larmes du vieux général en chef la tache dont l'autre, le meurtrier, avait éclaboussé l'uniforme?...

VII

L'EX-PLUS HAUTE ROUTE

Je me suis arrêté à Saint-Michel, surtout pour prendre la route du Galibier. D'un mauvais chemin muletier, le Génie a fait une voie carrossable, la plus haute d'Europe après celle du Stelvio, avec des pentes de 12 et 17 %. M. George Richard vient de la conquérir en automobile. Elle passe à 2.540 mètres d'altitude.

— Celle du Parpaillon passe à 2.580, monsieur, me répond un sergent d'alpins, et c'est nous qui l'avons créée, et aucune auto n'y est montée.

— Où ça ?...

— D'Embrun à Barcelonnette. Elle n'est pas encore marquée sur les itinéraires, parce que nous ne l'avons pas livrée.

— Fort bien, mon ami, j'irai.

— Et vous direz bonjour aux camarades du 14°.

Déchue ainsi, elle vaut encore l'aventure. De neuf heures du matin à sept heures du soir, nous rencontrerons seulement trois officiers de l'école de guerre, en tournée d'étude. Arrivés hier soir de Thermignon, ils sont déjà partis. Leur léger bagage nous accompagne. Même après le Simplon et le Petit-Saint-Bernard, l'ascension est émouvante.

Sur notre droite, un contrefort, terminé en promontoire, dissimule la Valloirette. Les fleurs y étoilent l'herbe, que paissent de rares ruminants. Derrière nous, le massif de Péclet-Polset se coiffe de neiges. Des hameaux se sont blottis à ses flancs. Une sente y gagne la Tarentaise, par le col des Encombres, entre le glacier de Gébroulaz et celui de la Pointe du Vallon. Le clocher du Cyls amuse. Là-bas, des montagnards constituent fanfare, sous le bâton du curé, chef d'orchestre.

Puis le Pas-du-Roc devient tout petit, sous nous, à mesure que se dégage Valmeinier, à la base du Thabor.

Voici un tunnel, avec la maison cantonnière. Un soldat, retour du Tonkin, y tient débit. Sa femme et sa belle-sœur portent

Saint-Michel-de-Maurienne.
(Photographie du Syndicat d'initiative de la Savoie.)

le bonnet tuyauté, encadrant des visages réguliers. Jolies et propres, nous les photographions, avec la marmaille.

Le fort du Télégraphe se relie ici, et le souterrain nous ramène au val de la Valloirette, très élevé, puis à Valloires, encore bouleversé par un effroyable incendie.

Allumé chez une vieille fille, le dimanche, pendant la messe, il dévora tout « l'écart » de Poingt-Ravier, vingt-quatre chaumières, dont deux seulement étaient assurées. L'eau manquait!... Elle jaillit cependant, à l'entrée du village, au faîte d'un étrange pylône d'agglomérats, en un jet gros comme le bras d'un enfant.

— On voyait les flammes, en plein midi. Les dégâts se montent à 250.000 fr. Heureusement, les troupeaux étaient à l'alpage.

L'angélus sonne. Les trois officiers nous attendent à table, devant une nappe bien claire, où défile un menu bien compris. Des pensionnaires estivent au rabais, dans cette coquetterie savoyarde, devant les ruines noircies. Ils nous regardent passer.

— Montez, messieurs!...

La route, à présent, traverse et borde la Valloirette. Un deuxième passage, pour mulets, atteint le col des Rochilles. Pas un arbre n'égaie la tristesse de cette impasse, où zigzaguer sans parapet ni ombrage. Un dernier plateau surgit enfin, avec un dernier logis.

La famille y vit, l'été, dans une pièce unique : grange, étable, chambre, salle à manger. Les poutres du plafond sont noires de suie, mais le lait est aussi blanc que la neige du col entre-bâillé là-bas, au bout d'un pré sillonné de ruisseaux et agrémenté de pierrailles. Les officiers et moi, nous nous élançons.

Maintenant les deux Galibiers, le grand et le petit, semblent de simples monticules. Le raccourci nous amène à la bouche du tunnel, car le col lui-même est à 2.658 mètres, tandis que la route nouvelle en atteint seulement 2.540. Était-ce bien la peine de tricher, pour si peu?...

Nous nous encourageons, debout, courbés, cramponnés. Derrière nous tintent les grelots de l'attelage. La vallée d'Arc évanouie, le spectacle s'enferme en un petit cirque presque clos, avec la bicoque dans la coupée. Soudain, un cri nous échappe :

— Le mont Blanc!

C'est bien le colosse, superbe, fantastique, incomparable. Il passe par-dessus les monts, par-dessus trois vallées, par-dessus Maurienne et Tarentaise. Nous le reconnaissons, visible de biais, par le versant italien. Et nous nous sentons des ailes.

Une fleur pâle pousse, entre les cailloux nus. Je la mets à ma boutonnière. En cinq minutes, nous embrassons le panorama, au point frontière de la Savoie et du Dauphiné. Hourrah!...

Bornée à l'est, bloquée à l'ouest, libre au nord et au sud, la vue était favorisée par une atmosphère d'une pureté absolue. Nous sommes quatre hommes : trois soldats, un passant. Nous n'eûmes qu'une pensée, qu'un même cri d'admiration, devant ce plan colossal, dressé en relief, dans l'immensité.

Au nord, le mont Blanc forme masse. Devant lui, autour de lui, s'alignent des cimes, le Thabor, le Cenis. Nous avons, en enfilade, toute la chaîne de la Vanoise, avec les Grandes-Rousses sur la gauche. Plus loin, vers la Suisse, une crête s'estompe vaguement, que nous ne savons nommer.

Au sud, c'est un chaos de pics, de dents, de chicots, fondus dans la tendresse du ciel d'Italie, au bout de la vallée de la Guisane, que termine le Viso éblouissant, pyramidal, comme seul, à 3.841 mètres.

Bien en face, s'épaule le massif, découpé à plaisir, granits sombres, glaciers clairs, écran qui protège la Durance provençale et accroche à ses flancs tous les frimas, tous les gels, toutes les neiges. Son parrain, le Pelvoux, n'a que 3.954 mètres, accolé à la Barre des Écrins, qui en a 4.103. La Meige et le Rateau ferment le cercle, au couchant, l'une par 3.987 mètres, l'autre par 3.754. L'impression est presque effrayante, dans cette plénitude où nous voudrions respirer encore, et nous ouvrir la poitrine, et nous emplir l'âme.

Mais, à l'issue du tunnel, on nous adresse des signes impératifs, du seuil d'un cabaret. En bas, il fait déjà sombre, alors que le soleil caresse encore toutes les arêtes. Nous jetons un dernier regard d'admiration sur le mont Blanc, comme si nous ne devions plus jamais le revoir, après avoir quitté ce belvédère.

Sous nous, un ruban blanc marque la route de Grenoble à Briançon. Facile et fameuse, elle nous arrive de l'ouest par le Lautaret, dont je distingue l'hospice, l'hôtel, les remises, au milieu de prairies renommées pour leur flore. Ce qui me préoccupe surtout, en cet instant, c'est d'y découvrir la « correspondance », car un fait est dès lors acquis : nous n'aurons pas les quarante minutes d'arrêt pour dîner.

Mais le cocher n'a pas le loisir de s'excuser. Regard ferme, nerfs tendus, il veille sur son quadrige. Notre vie est dans ses mains, heureusement solides. L'abîme nous donne la chair de poule, et le moment est admirable.

A chaque tournant, l'angle aigu surplombe l'entonnoir où sautille un ruisseau clair. Par moments, le cheval de flèche sortant de la chaussée, les trois autres nous gardent sur les reins. Dans le véhicule, les dames sont sans couleur et les hommes sont sans voix. Nous trottons néanmoins.

Les glaciers du Pelvoux remontent au ciel, tandis que le Viso disparaît peu à peu, mangé par les monts du Queyras, pic de Beaudoin, pic de Rochebrune. Enfin, nous atteignons la bifurcation.

Notre voiture se range. L'autre arrive. Nous déménageons, avec notre bagage, salués des officiers, bénis pour les pourboires, mal reçus par des voyageurs empilés.

Nous suivons désormais la Guisane. A droite, ce sont des prés, ou des alluvions baroques, ou des ravins tombant de la chaîne. Le soleil a bu les cascades, mais respecté les glaciers. Très haut miroite celui du Casset, sous le Pic des Agneaux. Les villages se suivent. La merveille est de regarder le zénith où se couche l'astre d'or.

Il y prolonge en effet la splendeur lointaine de sa gloire. Au nord, le ciel est d'un bleu profond ; il est d'un rose lilas, au sud. Graduellement, les cimes s'y estompent et s'y perdent. On jurerait les dômes d'une cité d'Orient, au bord d'une mer invisible, vers quoi nous roulons, saisis déjà par l'ombre sous cette clarté finissante. Puis les timides étoiles allument leur veilleuse sur les chandeliers titanesques, tandis qu'un clairon de cuivre, en la brume, sonne l'extinction des feux.

Nous sommes à Monétier-les-Bains. Des artilleurs campent, au-dessous, avec des alpins. Ici vivent quelques malades, autour d'une source d'eaux sulfatées et calcaires, parmi lesquels le relai nous laisse le temps de souper, en une auberge.

Ce bourg de 2.000 âmes ne possède ni casino, ni théâtre, ni kiosque, ni orchestre. Il fut *Stabatio*, sur la voie romaine du mont Genèvre à Vienne. La Guisane gronde au pied des maisons, et les cochers vous rappellent pour la dernière étape.

La nuit épaissie masque le paysage. Les monts semblent des fantômes. On traverse la Salle, Saint-Chaffrey, des torrents tributaires et secs. Depuis un instant, je distingue, en bas, des lumières. Briançon surgit.

Ses remparts se perdent à sénestre, et sa gare se révèle sous nos pieds. Le char à bancs évite les uns, et gagne la seconde, par des lacets où de grands arbres étendent leur mystère. Les chevaux sentent le râtelier. De-ci, de-là, une fenêtre paysanne s'éclaire. Les casernes nous contemplent, de toutes les leurs, illuminées à l'électricité.

— Terminus-Hôtel!...

Et la domesticité se précipite sur ces clients couverts de poudre, alourdis de sommeil, effarés de retomber du ciel aux tapis, aux tentures, au confortable oublié.

VIII

SENTINELLES, VEILLEZ !

Dans la netteté du matin, les dianes sonnent. Il vient de pleuvoir. La Durance gronde et la Guisane est boueuse. Néanmoins un rayon de soleil erre timidement sur les cimes. La vieille capitale des *Brigiani*, première station gauloise d'Arles à Milan, mérite-t-elle toujours sa devise : « Petite ville et grand renom » ?...

En bas du plateau étroit où elle se tasse, à flanc de montagne, inclinée dans un seul sens, au confluent de ses deux torrents, elle ne montre derrière les murailles que la moitié des maisons et les deux tiers de la cathédrale.

Tout de suite un commissaire me dévisage, et l'hôtelier me prévient de ne pas circuler avec des appareils photographiques. Cette précaution ne dénote pas l'églogue, mais la fermeté d'une nation qui songe au voisin. Du reste, cela n'a pas causé de tort à certains.

— Voyez, monsieur, ce parc à fourrages. Il appartient à un député. Il y dépensa une centaine de mille francs. L'État lui en versera 27.000 de loyer, pendant plusieurs années, puis lui assurera une rente perpétuelle de 10.000 francs. Le concessionnaire possède la même chose à Nice. Enfin il vient de bâtir ici ce Grand-Hôtel, lieu dit : la Chaussée.

Cette « chaussée » est l'avenue rectiligne qui monte à la sous-préfecture, trop grande, et à la porte d'Embrun, trop étroite.

Sur la porte, je salue la belle inscription : « 1815, les Brian-« çonnais, sans garnison, soutiennent un blocus de trois mois « et conservent la place. Le passé répond de l'avenir. »

Les Carlovingiens l'abandonnèrent aux Sarrasins, à qui les empereurs d'Allemagne l'enlevèrent. Le comte Humbert II, en 1342, lui avait octroyé la liberté. Lesdiguières la conquit et Vauban la corseta.

En 1802, Bonaparte y avait ouvert la route du mont Genèvre, sur les traces d'Annibal. Une obélisque de vingt mètres le rappelle, au col. Maintenant la frontière se trouve là-haut, à neuf kilomètres, et Turin n'est plus administré par un simple préfet, et les carabiniers croisent la baïonnette devant l'omnibus d'Oulx.

En 1815, Napoléon était déjà embarqué, Louis XVIII régnait pour la seconde fois, que le drapeau d'Austerlitz flottait toujours, à travers la fumée des artilleries, sur Briançon défendu par cinq cents héros, soldats et douaniers.

Il fallut que le roi lui-même parlementât avec ses sujets. Du moins leur pardonna-t-il de lui avoir sauvé une telle forteresse.

Les Italiens bastionnent le Chaberton, à 3.135 mètres, d'où leurs officiers, avec la jumelle, regardent l'heure française au cadran de la gare. Le Janus y obvie, flanqué d'une demi-douzaine de forts et redoutes. Briançon, sentinelle avancée, veille sous l'horizon, la main à la poignée du sabre, aussi solide que son roc.

Trois rues y dévalent, follement étroites, nullement carrossables. Les maisons, tristes, étranges, se font la courte échelle. Des ruisseaux clairs coulent, en une rigole médiane, couverte de dalles intermittentes. Dans celui de la Gargouille, les femmes lavent le linge et les mulets trempent les naseaux.

Briançon comporte, outre sa sous-préfecture, un tribunal et une cathédrale. L'hiver sous la neige, les routes sont aux traîneaux, mais le printemps revient épousseter les mélèzes, réveiller les cascades, précipiter les avalanches. On les entend alors gronder, en canonnade, tout autour de soi. Est-ce si banal?...

Au parapet du pont d'Asfeld, le « pont du Diable », qui relie aux forts de la rive gauche, qui enjambe d'une arche audacieuse la Durance coulant à cinquante-six mètres de profondeur, je songe au peu d'efforts qui transformeraient cette citadelle en une station alpestre de premier ordre. A quand la crémaillère du mont Genèvre?... A quand le funiculaire d'Annibal?... Le progrès y arrive déjà, d'été en été, avec l'afflux grandissant des touristes, auxquels manquent encore les débouchés, mais que le confortable des hôtelleries attire déjà.

Je voudrais me rendre au Queyras par la Cerveyrette, le joli pont de fer, le col d'Izoard où est l'un des six refuges construits avec le legs de Sainte-Hélène. J'ai lu que cela coûte 50 fr. On me réclame quatre louis.

— J'ai franchi le Simplon pour ce prix, monsieur !

Rien à faire !... Le louager croit avoir affaire à un lord. Je reprendrai le train, laissant en son isolement d'orgueil et de patriotisme la sentinelle éveillée.

Le train m'emporte vers d'autres souvenirs et de pareilles énergies.

Il s'engage, avec la Durance, en des gorges dénudées, où le site me rappelle une coupure, vue en Andalousie, d'Algésiras à Malaga [1].

Retranchés dans la Vallouise, les Vaudois dressèrent ici un mur, dont les ruines subsistent. Puis c'est, à droite, l'impasse de l'Argentière. Au Val-de-Rance, la montagne a des veines couleur sang de bœuf, pareilles à des blessures. La vallée de Freissinières fut, elle aussi, un refuge d'hérétiques, au moyen âge. Pauvres gens !... Un seul leur fut indulgent : César Borgia, seigneur du pays, obtint de son père Alexandre VI un brevet d'absolution, au profit de ceux dont cinq bulles avaient exigé l'extermination. Tous ces parpaillots durent ainsi le repos au reître, fils de pape et frère d'empoisonneuse.

Seuil du Queyras, un roc blanc supporte une caserne close. C'est Mont-Dauphin. Catinat et Vauban y collaborèrent. Quatre mille ormes touffus ombragent trois cents civils et autant de militaires. On y remonte le Ghil en diligence, et va chercher Abriès, Zermatt dauphinois, dont le Viso est le Cervin.

Je devrais voir le Pelvoux, derrière moi; seules, au sud, des plaques blanchissent une pyramide noire. La Durance, encombrée de pierrailles, prodigue d'un maigre humus, s'est creusé un lit de colère. Le train monte, les monts baissent, la vallée élargie reste en l'air.

---

1. Pour paraître ultérieurement : *Au Pays des Toros*.

Briançon.

La Provence approche. Cette chaîne, à sénestre, est celle de l'Ubaye. Des érosions ont la tristesse du chaos. Un torrent est le Rabious, l'Enragé. *Castrum Rudolphi* devint Châteauroux, chef-lieu de canton, qui eut une abbaye, qui conserve un dolmen. Enfin paraît une ville coquette, cité latine sous Néron, cité alliée sous Galba, métropole sous Adrien, sous-préfecture sous M. Loubet.

Embrun tient tout entier sur son Roc, conglomérat morainique, avec remparts, caserne, tour Brune, cathédrale. Une avenue me conduit vers une rue vertébrale, point large, laquelle descend de feue la porte de Briançon à celle du Gap. Ce fut l'*Ebrodunum* des Caturiges, où saint Marcellin fonda, dès le ive siècle, son archevêché, parmi les ouailles de saint Nazaire, apôtre venu d'Orient sur la barque des Saintes-Maries-de-la-Mer.

Son premier pontife le sauve des Vandales, mais les Lombards le pillent, et les Sarrasins s'y installent. En 1147, Conrad III, empereur allemand, anoblit ses archevèques, avec droit de battre monnaie. Puis le vicomté passe aux Dauphins. Louis XI y venait vénérer la Vierge miraculeuse, dont l'image était épinglée à son chapel. Le pouvoir religieux, ainsi affermi, dirigea d'ici toute la répression anti-vaudoise.

En 1585, Lesdiguières s'en empare; en 1629, Louis XIII le démantèle; en 1692, le duc de Savoie force ses murs; en 1883, le ministère de la guerre les déclasse.

Sept conciles y ont siégé, de 588 à 1727. Inutile d'y rechercher le fameux collège des jésuites, désaffecté depuis 1804. D'abord maison centrale, il sert de dépôt aux chasseurs alpins. Je vais droit à Notre-Dame, par la place Saint-Pierre, où deux cafés et un hôtel de ville minable marquent le centre de l'agglomération.

Commencée sous les Carlovingiens, la basilique fut achevée au xiie siècle. Un incendie renversa la flèche, en 1852. Réédifiée en 1860, elle concorde avec l'édifice plutôt trapu, encadré de logis somnolents. Au Palais épiscopal, logent côte à côte tribunaux et gendarmes.

Au portail nord, des colonnes de marbre rose râpées, posées sur le dos de lions qui ressemblent à des dogues grimés, portent une sorte de baldaquin, « le Réal », où fut exposée la Vierge Noire. Lesdiguières voulut le franchir équestrement, prouesse impie, mais sa mule rua plutôt que de collaborer au sacrilège. On vous

15

montre ses fers, incrustés dans le battant gauche de la porte.

A l'intérieur, une délicieuse rosace tamise en kaléidoscope la lumière. Les orgues, largesse de Louis XI, légères et originales, sont plaquées contre un pilier. Au maître-autel, deux anges de marbres représentent Louis XVI et Marie-Antoinette. Le Trésor est riche de chapes, d'aubes, de chasubles précieuses. Un missel date de 1513. Sur un autel latéral, fut restitué le culte de la Madone, mais trop tard, puisque les pèlerins se sont ralliés à celle de Notre-Dame-de-Laus.

Ainsi somnole, se dépeuple, s'enlise, disparaît lentement, silencieusement, l'opulente cité vers qui cheminèrent les foules, les armées et les rois.

Embrun s'est embrumé. Neuf heures sonnent. Une paix nocturne règne. Les civils prennent ailleurs leurs vacances, tandis que la garnison escalade les cimes, sac au dos. Je ne sais s'il reste seulement un caporal clairon au quartier, afin de sonner l'extinction des feux. Sentinelles, veillez toujours!...

La Durance, trop éloignée, ne trouble pas cette nuit étoilée, où une brise fraîche arrive des Alpes et glisse vers la Provence.

IX

Dès l'aube, je suis retourné sur la terrasse, sous les gros arbres. La campagne se montra, telle une *vega* hispano-arabe. Cette « Promenade du Roc » vaut la visite, perchée à cent mètres, malgré que s'y déversent les eaux sales, le long de la falaise encrassée.

La Durance, filet bleuâtre, coule parmi les grèves de cailloux. Au delà, la chaîne masque la coupure parallèle de l'Ubaye. J'y cherche la vallée des Orres, échancrure heureuse, silvestre et charmante, et aussi la fameuse, la plus haute route du Parpaillon.

Je me suis renseigné, hier, au cercle.

— M. le baron de Zwilen voulait y grimper en auto, me dit le maire, mais je l'en ai dissuadé.

L'hippomobile décidément reste plus pratique. Il est six heures du matin. Embrun dort, et nous partons ainsi, l'ami Buloz, le louageur, moi, dans un petit quatre-roues qui ferraille.

La route tourne, descend vers mon paysage, gagne la vallée. Je revois les versants, les hameaux, le clocher perché de Saint-Sauveur. A droite, est le château de Picomtal, aux tourelles Louis XIII. En cette propriété d'un archéologue aimable, villégiatura feu Victor Cherbuliez. Le village, nommé « les « Crottes », se visite pour aller à l'abbaye de Boscodon et à la Fontaine de l'Ours.

Réparé, le monastère fut l'orgueil des cisterciens de Chalais, de 1131 à 1769. Maintenant, c'est l'excursion classique. Plus simple, la fontaine de l'Ours arrose une station botanique, en un site abominable : cônes de déjection, fissures d'érosion, entonnoirs et pierrailles. Laissons-le !...

Je traverse la Durance, au pied d'un bloc. Sous un gros noyer, s'aiguille le chemin de grande communication n° 39. Déjà nous avons regagné l'altitude perdue. A notre niveau, Embrun a l'air de Monaco sur son socle, tandis que la voie ferrée ondule, parmi les bouleversements géologiques, avec le viaduc de Pont-Frache. Bientôt notre chemin se perd, près un coquet domaine.

Sur un petit plateau fertile, les celliers de Crevoux, granges inhabitées, précèdent la gorge affreuse.

— C'est ça, la route militaire ?...

— Pas encore.

Dans une véritable moraine, le torrent charrie des fanges, des débris ardoisiers, de monceaux de silex. Tiré par la bride, injurié, fouetté, notre cheval bute, tremble, fume, sue. Le long de l'autre rive, de petites dérivations s'en vont vers Saint-André et les Vabres. Crévoux paraît enfin, au fond du cul-de-sac de « l'Enfer », en trois hameaux.

Celui de la Chalp surplombe la ravine. Des barrages, baliveaux et cailloux, y protègent les maigres potagers. Sur la première maison, une plaque porte :

VIᵉ GROUPE ALPIN

ROUTE MILITAIRE DU PARPAILLON,

OUVERTE JUSQU'A LA PLUS HAUTE CABANE DE RAZIS,

EN 1891,

PAR ORDRE DE M. LE GÉNÉRAL BARON BERGE

GOUVERNEUR MILITAIRE DE LYON.

Ici commence l'œuvre réellement romaine où les généraux Voisin et Zédé, successeurs du créateur, mirent toute leur énergie. Depuis dix étés, les soldats y besognent. En ce moment, Crevoux est désert, la petite église dort, la fontaine pleure, deux auberges sans enseigne sont vides, et une boulangerie refuse de me vendre du pain. C'est le four militaire, qui ne cuit que pour les camarades.

— Alors, il faut mourir de faim ?...

— Je ne veux pas de votre argent, mais je puis bien vous donner une miche.

Ronde et fraîche, elle sent la bonne farine. Un galopin tire un litre d'une armoire. Le cocher sort un jambon de son coffre. A la paix comme à la guerre !...

— Bonjour là-haut !

— Et bonne journée à vous !...

Maintenant, nous zigzaguons sur la montagne, parmi les pins. Le 14° alpin, arrivé en mai, déblaya d'abord la neige. Trois mille moutons de Provence paissent les prés communaux, moyennant 2.000 francs de redevance, et les coqs de bruyère chantent dans les buissons, où rougissent framboises et mûres.

Nous coupons trois canaux superposés, dont l'onde court. Celui de Méale, con-

Sur la Brèche.

cédé par ceux de Crévoux à ceux de Saint-Sauveur, dès le xve siècle, nous ramènerait à Embrun, sous bois. Puis le vallon de la Posterle lui succède, montant vers des neiges. Soudain les tentes pointues apparaissent dans la cuvette herbagère.

— C'est le Camp de la Cascade, dit le louager; on pourra manger.

Une bouche invisible exhale un souffle frais sur le site prisonnier. Le jambon et le pain de munition sont loin. Bâtie de pierres, sans ciment, la cantine possède, au ras du sol, une ouverture quasi esquimaude. Justement, leur déjeuner achevé, les sous-officiers en sortent, un à un, à quatre pattes, au bruit de nos voix.

— J'ai un dernier poulet, offre le tenancier.

— Hourrah !...

Seulement le volatile est en liberté. On propose une chasse, au fusil Lebel, mais se contente de pousser le gibier vers un talus vertigineux. Un plus agile y disparaît, qui le rapporte. Tout ceci attire l'attention du lieutenant, lequel nous convie aussitôt.

Le mess, du même style primitif, à l'autre extrémité, porte un nom facétieux : « *Cascade-Hôtel.* Table d'hôte à 11 heures et « à 6 heures 1/2. » La pièce est toute gaie, garnie de chromos, Carmens souriantes ou zouaves joviaux. O la charmante aventure !...

— Messieurs, le capitaine est absent, mais j'ai trois tranches

En file indienne.

de melon et trois grappes de raisin. Mon ordonnance fera sauter la volaille. Le boucher d'Embrun apporte les journaux, les légumes et les fruits, mais il ne viendra que demain.

Deux compagnies occupent le col, l'une au nord, l'autre au sud. Pour le moment, le major est chez le voisin. Des malades ?...

— Quelques cas douteux. Nous prenons nos précautions. Voyez, les « commodités » sont en aval de la source. Dame, nous devons être tour à tour ingénieurs, alpinistes, hydrauliciens. Permettez-moi de vous accompagner aux limites de mon empire.

Dehors, le « peloton de punition » se compose d'un caporal et d'un coupable. L'un commande à l'autre le maniement d'armes. Sans doute reprendront-ils, derrière notre dos, une partie de cartes. La discipline est ici fraternelle.

Notre ascension continue, à travers des pâtures, dans le val des Eyguettes. Une croix domine, où on pèlerine annuellement, processionnellement. Plus loin, des paysans fanent, des uniformes tracent un chemin, des fricoteurs font le thé. Sur quatre pierres, la fumée monte et tourne, et nous montons en tournant comme elle.

L'officier nous quitte. Une crête gazonnée, infléchie à peine, est le col de Girabeau, qui mène du Parpaillon aux Orres. Des baraques se montrent. Un dernier lacet se raccourcit par une sente, qu'accompagne le télégraphe à un versant qui s'écaille. Ouf!...

Au nord, toutes les cimes sont sorties ensemble, brunes, grises, blanches, chaos et désordre dont la base reste invisible. Le Pelvoux et la Meige sont couverts de neige. Le mont Blanc se montrerait, sans les nuages. Il tonne. La rumeur se répercute. Je suis à l'altitude routière la plus haute de France. Seul le voiturier gémit, près de son cheval fourbu, devant la bicoque goudronnée où je lis : *Hôtel du Grand-Lombard.*

Voici l'entrée du tunnel, qui montre trois inscriptions, gravées en lettres rouges, dans la meulière : Au-dessus : *Tunnel du Parpaillon* ; à gauche : *Général baron Berge, 1892* ; à droite : *Général Zédé, 1900.*

Les troupiers chargent des cailloux en des wagonnets, qui entrent, qui sortent de la bouche ovale et noire. Escaladerai-je l'étroite arête?... J'y renonce. Un prend ma valise, un prend une lampe ; nous pénétrons dans le souterrain.

Les portes de fer en sont fermées, à cause du courant d'air. Nos pieds trébuchent sur le chantier. D'autres travailleurs charrient de pareilles pierrailles. Ça y est!... Devant moi, s'ouvre une fissure sans horizon, qu'animent seuls les Alpins poussiéreux, en bourgeron, très diligents.

L'ami Buloz me quitte. Un adjudant s'offre. Le sergent cache en son caban une petite marmotte effarée, qui clignote de ses yeux myopes, le poil hérissé, le museau tremblant. Nous partons, suivis de la compagnie entière, chargée d'outils, qui chante et cabriole.

La route a encore besoin de soutènements, quoiqu'elle se tasse. Des dalles marquent l'emplacement du Camp de l'Aigle, abandonné pour celui de la Recette-Inférieure ; plus bas, pareil à celui de la Cascade, avec ses « marabouts » coniques, ses cantines polaires, une façon d'amphithéâtre, un ruisseau, l'ancien local de la machine qui hissait les matériaux. Trois officiers, dont le major, ne veulent pas me laisser partir. Nous souperons, causerons, fumerons, et dormirons côte à côte.

— La tente du capitaine est libre. Vous y serez à merveille C'est la plus belle.

En effet, son installation, faite de boîtes à biscuits, comporte un vrai lit, une vraie table de toilette, de vraies chaises, voire un bureau de travail avec lampe. Je suis rompu, fourbu, vaincu. J'accepte.

Nous flânons, attendant de souper à *Excelsior-Hôtel*.

Oh! la bonne soirée, avec ces jeunes gens vaillants et gais, qui content leurs aventures!...

— Là-bas, c'est le théâtre. Nos hommes jouent la pantomime. Nous avions, l'an dernier, une chouette, appelée Godefroy, et un écureuil appelé Marguerite. On ne put les décider à voyager sur le sac.

— Passons à table.

Le menu, bœuf, côtelettes, crème renversée, nougat de la Montagne, enorgueillit le cuisinier, ex-pâtissier bourguignon, et émerveille mon ignorance.

— J'en ai connu, dit le lieutenant, un bien plus drôle. Sorte de gitano, il était gâte-sauce, et se faisait lire la *Cuisinière bourgeoise*. Quand il fut promu en titre, il lécha les casseroles, pour contrôler ses recettes. Est-il devenu chef de cuisine ou chef de brigands?... Goûtez-moi ce moka, provenance directe de l'Intendance.

Et l'on devise, montre des photographies, narre des battues extraordinaires.

— C'est ici, monsieur, que nous tuâmes sept coqs. Un capitaine d'état-major ayant voulu braconner en temps prohibé, nous lui jouâmes un joli tour. Un de nous alla emprunter une blouse de garde-forestier, avec la plaque, près du col de Larche, à quinze heures de marche, et revint s'embusquer au lieu choisi. Quand le délinquant vit ce spectre, il faillit tomber à la renverse. On ne lui avoua la supercherie qu'au déjeuner.

— Chut! si le ministre vous entendait!...

Non, personne n'écoute, personne n'espionne les bons Français qui savent être heureux à si bon compte. Il est dix heures. Nous seuls veillons, dans le douar, à mi-chemin du ciel d'où s'abaissent les nuées plus sombres. Allons nous coucher!...

A tâtons, guidé de la main, heurté par des pierres, je regagne la tente du capitaine, ma tente!... Derrière les cordelettes, je me déshabille, tel Robinson, parmi les objets primitifs. Enfin je me glisse entre deux draps rugueux, j'apprécie l'hospitalité si franche, je me sens une âme à la fois puérile et pitoyable, car la pluie arrive précisément, avec grondements de foudre.

Qu'on est bien ici, loin des niais, et plus léger, tandis que les gouttes claquent sur la toile, contre mon oreille où bourdonnent, telle une chanson de nourrice, les récits de labeur, de chasse, de cuisine, et de manœuvres militaires.

X

LA TRAVERSÉE DE L'UBAYE

Dès cinq heures, le clairon me jette hors du lit. L'aube est indécise. Dans le vallon triste erre une brume. Les soldats vont se débarbouiller au ruisseau ou y abreuver les mulets. Une cascatelle tombe de la montagne et meut un moulin d'enfant. Le camp s'étire à peine.

Une nouvelle sonnerie lui donne un ordre; le tombereau aux vivres part, flanqué de la corvée quotidienne, tandis que les hommes s'alignent, devant le théâtre rustique, avec leurs pelles, leurs pics, leurs pioches, et les gamelles.

Le sergent les inspecte, l'officier les revise. Une, deusse!... Ils s'en vont derechef vers le col invisible.

— Le café attend, à la « popotte ».

Le lait pur fume, le sucre fond, le pain trempe. En route!... Je serre les mains loyales des deux lieutenants et du major. Oncques nous reverrons-nous?... Le premier lieutenant m'accompagne, mais le médecin nous quitte; il rejoint les malades, les oies, les canards, le puéril moulin d'eau dont les palettes minuscules claquent comme des castagnettes. Nous marchons vers des mélèzes, sous lesquels grimpe l'ex-chemin muletier.

Tel le col de Vars, celui du Parpaillon fut l'entrée de l'Ubaye. En 1692, Durion y conduisit ses troupes à Barcelonnette. Deux ans après, Catinat l'élargit pour son artillerie. Je reprends l'itinéraire du général baron Berge.

Sous un deuxième pont, tombe le ruisseau du Bérard, qu'un canal dérive, naturellement.

Sainte-Anne, joli hameau, petite église, se blottit en une corbeille verdoyante. Devant nous, le mont Cuguret surgit, boisé, superbe, couronné de nues rayonnantes. Le vaguemestre nous croise. Lieutenant, merci encore, et bon voyage !

— Alors mon soldat portera votre valise, et me rendra mon cheval.

D'un œil de regret, je le vois s'éloigner. Au premier contour, surgit le Condamine, tout au fond, avec le damier de la vallée, vers qui la route court en balcon. A gauche, le torrent s'est enfoncé, et la paroi recula. En amont, Tournoux accroche son fort trapu.

Les batteries modernes y furent taillées, en 1870, en plein roc. A la Roche-la-Croix, d'autres ferment le col italien de la Madeleine, à 1.807 mètres. Celles de Viraysse couvrent le tout, à 2.780.

Halte sur un sommet.

Ainsi évoluerait l'armée des Alpes, de Briançon au Var, sur un formidable pivot.

— Pour coucher au quartier, conclut mon petit Alpin, il faut monter 800 marches casematées.

Un suprême raccourci, ardoisier et glissant, me jette au village que le Parpaillon traverse d'une onde vive et claire. J'y retrouve le tombereau et la corvée du 14ᵉ. Adieu, mes amis !...

J'y rencontre en outre un colonel, un commandant, plusieurs officiers en inspection, que je renseigne.

— Mon colonel, la route sera bonne, hormis d'Embrun à Crevoux.

— Nous la construirons. Les ordres sont envoyés. C'est un beau travail, hein !

— Vraiment, oui.

Une médiocre tapissière, cependant, charge des colis. J'y monte. Elle se met aussitôt à suivre la rivière, par la route na-

tionale n° 100, qui arrive de la frontière, distante à peine de cinq
lieues.

En 1515, François Ier l'employa, avec 21.000 hommes et 72
canons, pour tomber du ciel sur le général Colonna. En 1692,
le roi de Sardaigne renouvela cette prouesse, à rebours. En
1710, le général de Thaun y passe. Sous la Révolution, les Autrichiens s'y établirent. Enfin Napoléon la décréta « route im-
« périale d'Espagne en Italie ».

O temps où le colosse, renouvelant Annibal et César, ac-
couplait ainsi les peuples domptés!...

La Bassache, qui suinte modestement, jeta tant de boue, de
terres, de débris, que l'Ubaye, en 1900, monta sur la chaussée.
Elle s'engage dans « le Pas de Grégoire », collée au flysch mar-
no-calcaire, contre un talus rayé comme une peau de léopard.
À Jausiers, le val s'élargit, dominé par un roc, portant le cimetière avec un clocher sans église, celle-ci ayant le sien en dessous.

Venus du Piémont au XIVe siècle, les Vaudois y vécurent
jusqu'à la révocation de l'Édit de Nantes. De coquettes maisons
me charment, puis un pigeonnier incrusté dans une falaise, puis
une caserne. Dans la cour, close de palissades, l'ombre des peupliers se profile sur les portiques gymniques. Encore des troupes?... Non, pour le moment, tout le monde est sorti.

Au delà, une avalanche couvrit un bois de noisetiers. Aux
Davis, nous distribuons le pain. Deux talus emprisonnent le
torrent du Bourget. Les cônes de déjections se succèdent et se
ressemblent. On longe Faucon, où naquit saint Jean de Matha.
Des aqueducs nous croisent, auxquels une avenue succède.
Suis-je à Asnières ou au Raincy?...

Ces villas cossues ont des jardins adéquats. Depuis que liquida
une filature, en 1821, les familles entières ont porté, d'ici au
Mexique, dans l'Amérique centrale, dans celle du Sud, le commerce des tissus. Là-bas, on les appelle : « les Barcelonnettes ».
Elles sont revenues, et leurs piastres transformèrent en oasis
la sous-préfecture de 2.286 âmes, sise à dix lieues de sa gare
de Prunières, lasse d'attendre le railway qui doit lui venir
bientôt de Chorges.

Reconstruite en 1231, elle consacra un traité solennel, « entre
« Raymond-Bérenger IV, comte de Provence, d'une part, et les

« syndics, à ce autorisés par leurs mandants, d'autre part ».
Nommée d'abord Barcelone, elle prit, en 1388, un diminutif et
se donna aux Savoyards, moyennant le maintien de ses droits.
Nous l'acquîmes, au traité d'Utrecht. J'y débarque, place Manuel,
devant la fontaine que David d'Angers orna du médaillon du
tribun.

Sous la figure, je lis : « Jacques-Antoine Manuel, né à Barce-
« lonnette, le 10 décembre 1775, mort à Maisons-lez-Paris, le
« 20 août 1827 ». Sur une face, sont gravées ses paroles : « Hier,
« j'annonçai que je ne céderais qu'à la violence; aujourd'hui, je
« viens tenir ma parole (séance de la Chambre des députés,
« 4 mars 1823). » Sur le troisième côté, fut buriné un vers :
« Bras, tête et cœur, tout était peuple en lui. — P.-J. Béran-
« ger. » Derrière enfin, sont les explications : « La ville de Bar-
« celonnette, les communes de cette vallée, les admirateurs et
« amis d'un grand orateur, ont élevé, avec le concours des
« autorités du département des Basses-Alpes, ce modeste mo-
« nument, pour rendre hommage aux glorieux combats du plus
« intrépide défenseur des libertés publiques. » Pourquoi n'y
avoir pas gravé les deux vers des *Châtiments?*

> Vicomte de Foucault, lorsque vous empoignâtes
> Le tribun Manuel, de vos mains auvergnates,

vous ne pouviez prévoir le mal que nous aurions céans, si nous
devions glorifier de même tous les députés qu'on expulse du Pa-
lais-Bourbon.

La petite place comporte en outre une tour carrée, tour Car-
dinalis, plusieurs hôtels, et les locaux de la gendarmerie. Quatre
fantassins y amènent deux déserteurs piémontais, minables, dé-
paysés. Sans armes, en bonnet de police, ils regardent, avec des
yeux vagues, un commandant se lever d'une table de café :

— Ne les bousculez pas, crie-t-il aux lignards. Ils sont plus
malheureux que coupables. Demain, les pauvres diables seront
vos camarades, dans la Légion étrangère.

Comment préfèrent-ils se battre sous nos trois couleurs que
sous les trois leurs?... Misère, punition, mauvaise nourriture.

En l'unique rue paisible, que domine le Chapeau-du-Gendarme,
bicorne de granit en plein ciel, un coiffeur me vend le *Petit Marseillais*. Je lui réclame une feuille parisienne, n'importe laquelle.

Nenni !... Pas une ne pénètre jusqu'en cette arrondissement, re-présenté par M. Paul Delombre, économiste, après feu Henry Fouquier, chroniqueur et critique.

Le louager, pour me passer à Allos, a quatre heures de montée, deux de descente. Il arrive avec cinquante minutes de retard. Puis son chien veut être de la partie. D'où lutte. Enfin nous roulons entre deux ruisseaux vifs, que coupe un nouvel aqueduc.

Le Bachelard débusque d'une vallée noire. Je bifurque et traverse un beau pont de bois. Tout de suite commence l'ascension, le long des « gorges de la Malune ».

Les cultures sont vite remplacées par les mélèzes. Le Chapeau-du-Gendarme, marron et empanaché, sera tantôt devant, tantôt de biais, tantôt derrière. Pandore alpestre, il devrait bien dire aux nuages : — « Circulez !... » car ils s'avancent, s'accrochent, s'agglomèrent, non sans inconvénient, puisque je lambine.

La nature a facilité les ouvrages décoratifs. Sur une cascade, le pont du Faut arc-boute son arche, liserée de granit rouge, contre des rocs polis et marmoréens, dominant de soixante mètres la crevasse. Nous balconnons, d'une pente régulière, sous les arbres fuselés. Un sentier, à rustique balustrade, grimpe vers une source.

— L'eau y est fraîche, dit mon cocher, et on y fait le Pernod.
— Merci bien.

Les toits des Agnelets viennent à nous. Un brusque coude nous en écarte, puis nous y ramène. Le roc de Séolane paraît taraudé, tout au faîte, par un terrier de bête fantastique. Je croise une victoria, chargée de femmes et de fillettes, qui nous saluent. En ce moment le vent se lève, affole les nues, les coupe et les rafistole. La Croix-du-Pain-de-Sucre et le Cheval-de-Bois se cachent et reparaissent. Des logis aux toits aigus et surbaissés sont dépassés. Sous moi, s'en va toute la route acquise où la victoria s'efface déjà, petite tache noire et oscillante.

Une maison appuie sa terrasse sur un tronc rabougri, guillotiné, qui revit en pousses frêles. Sur un calvaire est inscrit : « Jubilé 1901 ». L'abîme de la Malune est superbe. Nous sommes derrière le Chapeau. Des blés, des seigles, des avoines rachitiques, semées il y a un an, seront récoltées à la première gelée, qui seule les dorera. Il y a, un peu au-dessus, une autre source très fraîche.

— On y fait le Pernod, répète le cocher.

— Parfaitement!...

Voici le bois de Gâche, pins et mousses, sorbiers en fleurs dont se saoulent les grives, cascatelles et soutènements, éclaircies et halliers. Le cheval, à chaque hectomètre, se raidit, s'immobilise, renâcle. Je marche à pied. Des rires arrivent brusquement d'une charrette bondée, que mène un paysan, qu'occupent deux prêtres et trois femmes, et leur gaîté arrête les scieurs de long, dans le lit sec du torrent qui leur apporta les baliveaux.

Le Bachelard arrive d'un val cruel et nu. Les futaies sont remplacées par des prés. Le vallon de Paluel dessine son entonnoir vert. Une maisonnette huchée semble le but, très net, très haut encore.

De grosses gouttes tombent alors. J'entends des clochettes. Un troupeau descend, suivi d'un garçonnet. Au fond, les granges de Chancelaye sont bondées de fourrage. Nous continuons, esseulés sous l'aspersion, parmi les éclairs, avec la résistance du cheval qui s'arrête désormais tous les vingt mètres, et la maisonnette se précise en bicoque vicinale, au bord du précipice.

Abandonnant l'attelage, je couvre vivement les deux derniers kilomètres. Le « refuge du Valgelaye », peint en jaune, coiffé d'un paratonnerre, surgit à l'abri d'une prairie spongieuse. Enfin je suis au col d'Allos, à 2.250 mètres, en plein orage, au bord d'un nouvel abîme, devant des cimes noirâtres, rougeâtres, qui ferment l'horizon, qui ne laissent rien deviner de la Tinée, ni du Var, ni même du Verdon.

La nuit tombe, avec l'impitoyable ondée. Je reviens au refuge. Dans une salle basse, éclairée par des chandelles, cantonniers et chemineaux achèvent de souper. En une buée de tabagie, la femme se lève de l'âtre où bout une soupe, et nous offre un potage, des œufs, des conserves, du jambon cru. *Evohé!...*

Chapeau détrempé, caoutchouc ruisselant, chaussures calamiteuses, ai-je rassuré l'étrange compagnie, aux aspects maltôtiers? Pas de fantasmagorie, s. v. p. Ce sont de braves ouvriers, sous la direction du contremaître, auquel l'administration donne le logement et 65 francs par mois, afin d'habiter l'un et de justifier les autres en hospitalité et en approvisionnements.

Le bouillon est un peu clair, les œufs sont relativement frais, le jambon conserve sa pire âcreté, la sauce reste encrassée d'une graisse écœurante, mais une bonne grappe de raisins me nettoie la bouche et me rafraîchit l'esprit.

— Décidément, vous prétendez coucher à Allos? demande le cocher.

Je me soucie peu d'utiliser les lits du « Refuge National », malgré la bibliothèque du C. A. F., le nivomètre, et les instruments. Je ne chasse pas le chamois, la marmotte, ni la perdrix blanche, ni le lièvre blanc. Il faut partir, oui, quoi qu'il advienne, mon garçon.

Muet, le chef-cantonnier allume une lanterne. Sa femme me tend un registre, où les plus sottes choses sont écrites. J'y jette un vers stupide, imité d'Alfred de Vigny :

Que le son de la pluie est triste en haut du col!...

— Oh! Monsieur, réclame l'hôtelière, puisque vous êtes journaliste, vous devriez bien obtenir qu'on nous donne le télégraphe ou le téléphone. Ils passent devant la porte. Pendant l'hiver nous pourrions mourir de froid ou de faim; personne ne le saurait.

— Si nous étions en Suisse, Madame, vous auriez tout ça, avec un funiculaire par-dessus le marché.

XI

Oui, nous sommes en marche vers lui, dans la nuit. Nous franchissons l'arête, sans l'apercevoir. Le cocher s'écrie :

— Je vous affirme que nous descendons : mon cheval glisse.

Malgré le frein, il fléchit en effet sous le véhicule. Pas une lueur, pas un soupçon d'étoile, ni de lune. L'homme, sa lanterne à la main, prend le bord du chemin, et moi la bride. Ainsi nous accomplissons sept kilomètres, aveugles en un four, guidés par des remarques, prévoyant chaque lacet à ce que la route entaille la montagne.

La pluie pourtant a cessé. Ombres vagues, les maisons de la Foux surplombent la rive gauche du Verdon, avec une église. Un soupçon de lueur permet d'aller au pas. Remontons !...

En des coudes fréquents, les cascades réveillées tombent. Une lumière brille, très élevée, qui descend, et remonte, et se pose au bord du chemin. Qu'est ceci ?... Deux hommes sont là, immobiles. Mon compagnon prend son fouet, et j'ouvre mon couteau.

Pâtres, paysans ou contrebandiers, ces noctambules choisissent drôlement leur heure. Ils nous emboîtent. De temps en temps, nous jetons un regard en arrière. Ils y sont toujours. Soudain, l'un d'eux disparaît. Va-t-il nous sauter tout à l'heure à la gorge ? Un coup de trot sème le second. Je respire. Sous un timide croissant de lune, nous franchissons le Bouchier et entrons dans Allos endormie, où il faut réveiller M. Pascal Michel, aubergiste unique et complaisant. Minuit sonne.

— A quelle heure part le courrier de Saint-André ?

— A trois heures du matin.

— Merci, vous me conduirez à Annot.

17

— J'ai déjà le sous-préfet, le lieutenant de gendarmerie et l'inspecteur des forêts, en tournée de reboisement.

— Vous leur direz qu'un courrier du tzar, pressé d'être demain soir à Nice, vous a réquisitionné.

— Alors, il paiera deux louis.

C'est entendu. Dans la salle basse, vide, une jeune fille prend un falot, puis me conduit à l'annexe. Cinq lits sont inoccupés. Cinq minutes après, je rêve aux sorbiers, aux sources apéritives, aux charrettes où s'égaient les ecclésiastiques, au refuge surtout dont les habitants me virent si sale, si désolé, si ridicule, à travers la fumée du fagot et des pipes.

Cinq heures après, je me réveille au battement monotone d'une baratte.

La voiture attelée, le patron m'accompagne en personne.

Allos, capitale des Gallites, peuplade celto-lygienne, n'est qu'une commune-canton, d'un millier d'âmes. De l'arrondissement de Barcelonnette, elle dépend de Castellane pour la police. A trois heures d'ici, est un lac exquis, de six kilomètres de tour, où les sources abondent.

— Y fait-on le Pernod?

— On y fait la collation. Le pêcheur vend de la truite saumonnée. Des Provençaux ont bâti une maisonnette. Vous ne regretteriez pas l'excursion.

J'y reviendrai. Ma curiosité émoussée se contente de descendre, avec la rivière, au milieu du cirque lavé. Les nuages s'égratignent encore aux sommets, et le mont Pelat est plaqué de neige. Nous regardons poindre les boutures à travers les pierres. En mai, ces lieux dénudés se tapissent de lavande, de maurettes, de violettes, propres à l'apiculture, mais les troupeaux de Camargue, les « transhumants », ont tondu dès juin le printemps jusqu'au tuf. Maintenant, le Verdon roule entre des remblais arides.

Dessiné à la Vauban, entouré d'eau, le Fort de Savoie précède une petite ville, close de murailles. Ici les Romains bâtirent, sur un mamelon, le temple propitiatoire au dieu de la Guerre, dont les chrétiens firent une église purificatrice. La « colline de Mars » devint Colmars. Raymond de Turenne l'incinéra, en 1390; Cartier la prit, en 1583; Mirabeau l'enleva de nuit aux ligueurs, en 1591; le général Boulanger, à qui elle fit grise mine, lui retira sa garnison.

— Quoiqu'il « n'ait pas régné », Monsieur, les soldats ne sont jamais revenus.

En aval, le Fort de France, semblable à l'autre, est également inutile. Les lacs de Lignin, jumeaux et blottis, sont invisibles. Un torrent passe sur nous. Puis c'est Villars-Colmars, dominé par des monts boisés et tristes, dominant le château de la Foulerie, pension extra-niçoise et simili-britannique. Un Anglais se bâtit ensuite une villa solitaire, presque coquette.

Beauvezer se tient en l'air, avec église et chapelle. Une filature de laine y bourdonne. Après déconfiture d'une concurrence, le propriétaire de la première fit de celle-là un Alp-Hôtel, badigeonné de rose, avec des sentes sous une futaie marécageuse. Nous suivons toujours la rivière, en une gorge. Un carrefour mène enfin à la petite plaine de Thorame-Haute.

La route d'Annot se hisse alors, parmi les pierres grises, à travers les pins biscornus. A mesure, le Verdon se dessine, mieux encastré. Une presqu'île, tout au fond, se relie par un pont très neuf. J'y reconnais, à un tronçon de tranchée, le passage prochain d'une voie ferrée, la « Ville-en-Bois », les travaux du Sud-France.

Ce hameau, presque piteux, est celui de Fontgaillard, dont la source provient d'une « embuc » de Peiresc. A la Noël, le tunnel sera terminé. En bas, les wagonnets montent le sable, du torrent aux chantiers, infatigablement.

Je perds la vision laborieuse, en une dépression où des cultures potagères vivotent. L'eau étant rare, le soleil éclatant, les maisons de la Colle-Saint-Michel se dispersent. J'atteins la ligne qui démarque le bassin de Verdon, affluent de la Durance, tributaire du Rhône, de celui de la Vaire, qui se jette dans le Var, lequel tombe directement à la Méditerranée.

Cette transition devrait m'impressionner davantage, quoique Peiresc, collé contre le mont Cassille, soit si cuit, si noir, qu'on ne sait où commence la roche. Entre lui et nous, la Vaire suinte. Pourquoi y descendre, le long d'éboulis égayés d'un maigre bois de « fayards » ?...

Maintenant se présente Méailles, deuxième Peiresc non moins culotté, non moins culminant. Blottis, des baraquements forment une moindre et seconde « Ville en Bois », à l'orifice sud du tunnel. Par de pauvres cascades, par d'insipides lacets, j'arrive sous la ruine du château de Murat, puis sur un pont, puis de l'autre côté de la Vaire, qu'une vieille arche romaine enjambe, dans le hameau du Fugeret. Voici le Grand-Vallon.

Les montagnes se sont émiettées en roches énormes, merveilleuses, affalées ici, huchées là, équilibrées au hasard, tapissées de gramen ou coiffées de pins, parmi d'opulents châtaigniers. Suis-je en Bretagne?... Non pas!... La route, poussiéreuse au milieu de ce chaos, devient un boulevard de peupliers, bordé de ruisseaux prompts et cristallins. Un pont en dos d'âne, une place aux gros platanes, des Niçois assis dans leur ombre, plusieurs cabarets, beaucoup de mouches, c'est Annot, c'est la Provence, c'est le Midi!...

Il n'y manque même pas la Vieille Ville, aux ruelles du xiiᵉ siècle, aux arc-boutants, aux escaliers branlants, aux fenêtres gothiques, aux huis ogivaux, aux miradores crasseux.

Deux diligences à capotes exubérantes, peintes en jaune, poudrées de blanc, arrivent ensemble, de Saint-André, de Puget-Théniers, devant l'hôtel où je déjeune, près du conducteur des ponts et chaussées, flanqué de ses aides.

Ils étudient le tracé du railway et l'emplacement de la gare. Au prochain lotissement, Annot, entourée de sources, rafraîchie d'ombrages, en recueillera le fruit. Je le lui souhaite, sincèrement, avant de le quitter sur le siège antérieur de la patache.

L'étape est plutôt pénible, en pleine canicule. Durant une demi-lieue, les mêmes beaux blocs m'amusent. Une croix de pierre fut scellée à l'un d'eux, sous un baldaquin. Dans la rivière un autre, énorme, ensablé, est imputé et dédié au diable. D'aucuns se débitent au pic, à la mine. Je me souviens ici du carrier de Huelgoat, horrible vandale.

Je me rappelle, aux Scaffarels, un repas rapide, à la descente du col de Toutes-Aures par le Clus de Rouaine, vertigineux et torrentueux, aventure non sans quelque charme : œufs frais, poule au pot, jambon cru.

A présent, de grosses gouttes tombent. La Vaire coule vers le Colomb, qui nous accompagne. Une échappée enferme à gauche les ruines d'une bénédictine, proche d'une grotte préhistorique. Noterai-je un roc aiguille?... Le « pont de Gueydan » fut jadis international, le Piémont étant sur la rive gauche du Var.

Rien ne signale l'ancienne frontière. De courts tunnels évident des promontoires. Par échelons poussent des vignes piteuses. Cette vallée bizarre, aride, monotone, forme une suite de bassins que sectionnent des murailles transversales, déchiquetées, « portes de fleuves », cicatrices calcaires d'un effort antédiluvien. Nos pères avaient songé à les fermer aux troupes seigneuriales et ravageuses. Ainsi m'apparaît, sur une arête qui plonge de haut en bas, qui finit à l'à-pic, une chose juchée et dessinée en dents de scie, extraordinaire et romanesque, avec un bâtiment carré, tout là-haut, tout en l'air, cimenté au suprême chicot de la mâchoire. C'est Entrevaux!...

Dernière commune des Basses-Alpes, caprice moyen âge, fantaisie glissée d'un carton de Robida, ville de 1.400 âmes et de pas mal de mulets ou bourricots, son nom vient d'*inter valles*. Elle date du xiᵉ siècle et du besoin qu'eurent les gens de Glanateva de résister aux païens. Charles-Quint l'avait prise et quasi anéantie, en 1536, mais une émeute pourchassa les Impériaux. François Iᵉʳ la récompensa avec une poignée de franchises, promulguées en Avignon, six ans après. Cathédrale à tour crénelée, maisons à terrasses superposées, vidanges tombant dans le Var, chemin fortifié, rien ne manque au tableau, pas même le chemin patiné par les siècles, coupé de meurtrières, qui grimpe vers la citadelle en petites impasses successives.

Quel arquebusier monte la garde, derrière ces parapets?... La porte Notre-Dame défend l'arche unique du pont séculaire. Je contourne l'éperon où aboutit déjà une tranchée, où travaillent des Piémontais, où la Chalvagne tombe sous son ponceau à deux étages, viaduc et aqueduc moussus. Le Sud-France sera bientôt ici.

Lorsque les trains passeront devant cette estampe, les chroniqueurs nous la peindront, et les habitants se consoleront des guimbardes, sinon de ne plus avoir les beaux et truculents militaires, qui montraient leurs mollets, qui cachaient leurs yeux, et que remplace une compagnie d'infanterie, anachronisme dans un lied vieillot.

Je le quitte, après un relai qui laisse venir le courrier de Guillaumes. On scie les peupliers, le long de la route nationale, laquelle permute avec le railway. Pourquoi? Elle formait une allée heureuse, en ce site lamentable, sur la digue désormais saharienne.

Respectera-t-on celle dont le feuillage fait à Puget-Théniers une entrée charmante?

Des caissons métalliques, barbouillés au minium, martelés par des ouvriers, préparent les piles du pont de raccordement, tracé en biais. Depuis cinq jours, je n'ai pas vu une locomotive. Charmante d'imprévu, la mienne chauffe, en gare, toute seule, tandis que des Italiens, au son de l'accordéon national, chantent une mélopée de misère et de consolation, sur le quai embaumé par les haies de roses.

Si je me retournais, côté du nord, vers les crêtes écorchées, les nues folles, les Alpes muettes, reverrais-je nos sentinelles debout sur la frontière, ou encore les troupes de Victor-Emmanuel camper au col du Petit-Saint-Bernard, ou le soleil teindre de pourpre la triple corbeille des îles Borromées?...

BLEU, BLANC, ROUGE

I

DANS LA COULISSE

Si Barcelonnette est la plus isolée des sous-préfectures, Puget-Théniers, avec ses 1.500 âmes, en est la plus petite. J'y suis entré, comme le vin dans les bouteilles, comme Ruy-Blas chez don Salluste : par en haut. Par en bas, c'eût été plaisir d'hiver, entre une partie à Monte-Carlo et un tour sur la Promenade des Anglais. Maintenant, je contemple la petite ville des Templiers, trop noire, avec des débris d'enceinte et une étroite banlieue d'amandiers, d'oliviers, de vignes, que chauffe le soleil reverbéré.

Il y a aussi des sources minérales inexploitées et une scierie en plein désarroi. Pour le moment, des hommes retroussés, armés de longues perches, harponnent dans le Var les madriers épars. De la gare, sous l'ondée battante, en compagnie de voyageurs aux toilettes transpercées, nous les regardons opérer. On construit néanmoins un vaste immeuble, pour quelque entreprise. Si la voie ferrée était normale, ce pays prospérerait.

L'orage bat son plein, le tonnerre gronde, les éclairs se multiplient, le train s'en va et descend avec la route, avec le fleuve, avec ses freins.

Chaque crevasse y précipite un torrent tumultueux. La Roudoule, qui traverse Puget-Théniers, est couleur bisque d'écrevisse, tandis que le Var est purée de haricots. Plus loin, un affluent ressemble à une « parmentier ». Ces soupes se battent, se repoussent, se mêlent, se confondent. Par-dessus nos têtes, des conduites de fonte déversent d'autres potages. D'autres ponts se succèdent, au milieu de roseaux, justifiés par la desserte de toute cette cunette âpre, sans consistance, qui se désagrège.

La locomotive siffle et crache une odieuse fumée. Voilà le Cians, cluse célèbre, puis Touët-de-Beuil, village cocasse, accroché à la paroi. Une cascade tombe sous son église; ses dos de maisons s'évident en terrasses. Du Cians, on monte au Monnier, succursale de l'Observatoire de Nice, d'où l'on voit la Corse, Elbe, Capraja, l'Italie. De Touët, on grimpe à la cascade de Thiéry, qui s'ajoute au Cians, mais qu'on ne découvre que du faîte. A Villars-du-Var, après le pont romain de Sainte-Pétronille, parmi les déjections, sur un sol charrié et copieux, les premiers orangers s'égouttent, montrent leurs fruits gros seulement comme des noix vertes, attendent février pour s'épanouir en pommes d'or.

Nous passons, de rive à rive, par de longs viaducs métalliques. Après Malaussène, commence le « défilé du Ciaudan », gorge gigantesque, aux murs fantastiques, aux forts huchés, aux hachures farouches. Tous mes souvenirs [1] prennent désormais une physionomie et un nom de rivière. Mescla, Tinée, Vésubie, semi-françaises, semi-piémontaises, apportent leurs flots plus clairs.

L'ancienne route étant devenue plate-forme du railway, la nouvelle se glisse de remblais en tunnels. Par moments, nous sommes si seuls, si au fond, si près du Var, que ses ressacs arrosent les rails. Des bois flottés, roulés jusqu'ici, échouèrent sur des bancs de galets, brisés, éperdus. Dans le wagon, les transalpins ont repris leur chanson pitoyable, au son de l'instrument.

1. Lire *Au Pays Bleu*, du même auteur.

D'où viennent-ils? où vont-ils?... Le musicien a un poupin visage d'enfant, mais les autres ont des bras vigoureux et des mains tannées. Le conducteur du train murmure :

— Ils mangent notre pain.

Quarante années brouillèrent définitivement les deux races jumelles. Ces Italiens même changeront d'âme. Demain, l'accordéon jouera la *Marseillaise*.

A la Vésubie, sur la rive droite, une usinette recueille la force motrice, qu'elle revend sur le littoral. La gare est occupée par les revenants de Saint-Martin-Lantosque, de Berthemont-les-Bains, des stations estivales. Sur l'autre berge, des soupiraux bâillent, près de gravats.

Un canal chemine là dedans, plus discret, plus respectueux que les affreuses potences, dont la résille métallique éreinte décidément le couloir de granit. En mai et juin, le Var y passe d'un coup, au galop, afin de liquider plus promptement les neiges. Alors, battant cette digue, il en dérange les blocs comme des billes.

— Il ne déborde jamais?...

— Non, mais les travaux détruisent les propriétés en France.

Où donc, la France?... Ils continuent à distinguer entre annexés et autochtones. Je m'instruis, dans la coulisse du théâtre à grands spectacles, féeries et opérettes fastueuses, dans la coulisse de cette Riviera où nos millions fleurissent en miracles d'élégances.

Une industrie nouvelle, blottie en ce site farouche, alimente des tramways et des fabriques de carbure de calcium. A la sortie des gorges, un pont de bois se soude près d'une cascade artificielle, déversoir de l'adduction. Les ateliers braquent sur nous leurs fenêtres rutilantes d'électricité. Le progrès passe.

Néanmoins le pont Charles-Albert, vieille œuvre aux câbles sardes, ex-trait d'union entre les peuples, hausse toujours ses deux portiques d'allure arc-de-triomphale. La grosse coupure de l'Esteron montre à dextre les logis du Broc, tout en l'air. La pluie a cessé. Dans le crépuscule qui arrive, Bonson nous salue, du haut de son précipice. Tous les villages perchés défilent, vus en blanc sur le bleu : Gilette, Tourette, Carros, Aspremont. Je hume la brise marine, chargée d'odeurs fortes, de condiments et d'aromates. Saint-Martin-du-Var est dépassé. La brèche devient un épanouissement.

— Colomars!...

Je suis à trois lieues de Nice, au pied du Mont-Chauve, devant la fenêtre de la Méditerranée, de la Côte d'Azur, éternelle fête de la fortune et du printemps. Les Piémontais jouent toujours de l'accordéon dans le wagon. Je me méfie des rues incendiées, des maisons barricadées, et des moustiques, et de la poussière. Allons à Grasse!... Je change de wagon.

Ici le troisième rail élargit la voie étroite. Je doute pourtant

Vue générale de Grasse.

que les convois de mobilisation circulent impunément sur ces rampes compliquées. Notre seule garantie, serait-ce la garantie d'intérêt?

Dès le départ, le pont de la Manda gagne la rive droite, tube d'acier avec route au rez-de-chaussée et railway par-dessus. Nous gravissons la base des monts, parmi les oliviers et les acacias, où les Niçois vont respirer sur les premières collines de Provence, où les senteurs de thym montent des ravines. La mer se découvre peu à peu, par delà le lit rectiligne, quatre fois trop large pour son débit, où le Var serpente à travers la grenaille des pierres.

Le « Pont-de-France » tire sa ligne frêle, à l'extrémité de la coulée. Les vagues y déferlent sur la toile de fond, d'une surprenante netteté, découpée par les gibbosités de cette région intermédiaire. Route et Sud-France y cheminent parallèlement, franchissent ensemble toutes les rivières, se déroulent côte à côte sur la muraille grise des dernières Alpes.

Sous l'éperon pyramidal du Baou, Saint-Jeannet-la-Gaude me rajeunit de six mois. Vence, capitale de *Nerusi*, consacrée par Auguste, ravagée par les Lombards, évêché qui fournit au moyen âge quatre saints et un pape, forteresse qui repoussa Lesdiguières et capitula devant les Impériaux, n'est plus qu'un chef-lieu de canton, dont la cathédrale pointe par-dessus les anciens remparts ovoïdes. Tourrette m'amuse, avec sa gare en une « mer de rochers ». Un large lacet dévale enfin vers le beau viaduc aux dix arches, le viaduc du Loup, à l'orée des gorges, où le petit restaurant allume céans les lampes du souper.

Tandis que Phœbé se lève, la nuit survient. Là-bas, la Méditerranée se pâme. L'âme des plantes s'exhale en bouffées pressantes. Lentement se noient d'ombre les villages pareils : Gourdon, le Bar, Magagnosc. La compagnie, économe de luminaire, nous laisse rouler lourdement dans l'obscurité, où le viaduc métallique du Fond-Laugière nous pousse sur le coteau de Grasse.

Devant la gare, pas une voiture, pas même un commissionnaire. J'empoigne ma valise et mon courage à deux mains. A l'aveuglette, j'atteins la Place-Neuve. Ici un hôtel m'offre une chambre. Les logis d'en face me cachent la campagne, et je n'entends qu'un trot de cheval emporter le courrier, dans le fourgon de la poste.

II

EN PAYS VAROIS

Cette sous-préfecture était un *marka,* foire où Ligani, Qua-
riates, Adunicates, Velauni venaient échanger leurs denrées
contre le sel que récoltaient Oxibiens et Déciates. Après la
défaite des Oxibiens, quelques-uns d'entre eux occupèrent la
forêt de Malbosc. De là, ils s'embusquèrent sur le chemin
Roumiou.

Tibère ayant expulsé de Rome quatre ou cinq mille Juifs, ils
se réfugièrent en la Gaule transalpine, y trouvèrent des comp-
toirs marseillais, et fondèrent Magagnosc. Baptisés, ils obtin-
rent de bâtir, près d'une tour et d'un corps de garde, Grasse,
filleule du consul Grassus.

Vassale des comtes de Provence, elle s'allia en 1179 à Pise,
puis à Gênes. Quand parut Charles-Quint, elle fut abandonnée
et ruinée. Elle se releva, appartint à la Ligue, résista à Hu-
bert de Vins, chassa les Savoyards et acclama Henri IV.

En 1707, assiégée par Victor-Amédée, duc de Savoie, Grasse
fut délivrée par Sailly, comme plus tard, en 1746, le maréchal
de Belle-Isle en chassa les Autrichiens.

Des huit portes, restent la porte Neuve et le portail de la
Roque. Rien n'existe de l'antique. Grasse est cependant très
curieuse, avec ses rues qui montent de gradin en gradin, et
ses soixante-dix parfumeurs. On y distille par jour près de
200.000 kilos de fleurs d'oranger et 160.000 kilos de roses,
sans compter les essences des plantes aromatiques.

Deux cents femmes, sous mes yeux, épluchent des pétales
comme elles écosseraient des petits pois. Les fabriques se
dénoncent fortement, dans la brume légère du matin. J'erre

à travers les ruelles tortueuses, escarpées, pittoresques. Je franchis des escaliers usés par le sabot des mules, et passe sous la porte ogivale. Après tant d'invasions, la seule qui se produise désormais, est celle des Britanniques.

J'y retrouve la douceur de Girgenti, la vaste coulée d'oliviers vers la mer d'indigo, et le cercle des monts violets auquel manquent les trois temples d'Agrigente, mais où un coin de Cannes, surpris au bord du golfe de la Napoule, sous l'Estérel, remplace Porto-Empedocle.

Je retourne au Jeu-de-Ballon. De truculentes affiches recommandent les Thorenes, petite Suisse bas-alpine. Une autre voiture publique, laide et surchargée de colis campagnards, mène à Castellane. Le casino demeure ouvert, malgré la canicule, au-dessous du palais de justice, au-dessus de l'ancien hôpital.

Le cours y forme mail ombragé et panoramique. Un funiculaire y aboutit... sur la carte. Je le cherche en vain, sur les lieux. Il fonctionnera, sitôt que le ministre aura signé. Oh! les signatures ministérielles!...

Des balustres, sous lesquels se liquéfient les roses, je descends reprendre mon train de la veille. Aux viaducs de pierres succèdent ceux d'acier. Celui des Ribes prépare à celui de la Siagne, haut de 77 mètres, long de 390, jeté sur deux piliers frêles, comme une planche sur deux tréteaux. Tanneron, Fayence, Claviers, Bargemon, Callas, Figanières, loin des lourds rapides, ont ce convoi familial, en ce milieu rural que traversèrent les légions, que ravagèrent les Barbares, que tant de princes et de reîtres prirent et perdirent, où maintenant les orages emportent des pans d'humus vers les pépinières du littoral, et où les ruisseaux à bref parcours se ravinent en des gerçures romantiques.

Tanneron est un massif, émaillé de hameaux. Des Gaïttès, on distingue le golfe, les îles Lérins, Cannes, et, le soir, une étoile de plus scintille au sud, à gauche, sous l'horizon. C'est le phare du cap Ferrat, par delà la rade de Villefranche.

Fayence possède une chapelle du XIIe siècle, un puits dans le roc, des magnaneries agonisantes. On y mène les gens aux gorges du Blavet, en pleine falaise de porphyre. Près de là, le château du Puy dresse ses tours féodales.

Claviers alla se percher au sommet d'un mamelon escarpé.

D'en haut, le panorama s'étend, affirme-t-on, jusqu'aux lignes imprécises de la Corse. D'en bas, avec une échelle, par un trou quelconque, on vous descend dans la grotte de la Lioure, où les stalactites voisinent avec des veines d'albâtre.

Et Bargemon, aux donjons et remparts lépreux, remplace une ville romaine. Et Callas, près de ses vieilles maisons, possède la ruine d'un castel qui fut aux seigneurs de Pontevès. Et Figanières, qui descendit en bloc du coteau de Saint-Clément, nous ouvre **la banlieue de Draguignan**, atteinte par un bel arc de cercle, sous les « cabanons » des jardiniers et des petits bourgeois.

Jamais cette petite préfecture de dix mille âmes ne me parut plus calme. Le bataillon du 111ᵉ est en manœuvres, et le Conseil général s'est ajourné à octobre. Dame, la chasse ouvre, la température darde, et rien ne presse.

Le collège, vide comme la caserne, a ses lettres patentes de Henri III. Son historien, mon ami Poupé, regagna quelque pays septentrional. De rares voyageurs de commerce errent aux allées d'Azémar. L'annuaire dit pourtant que c'est la ville du département « où le séjour est le plus gracieux ».

Avant la conquête des Gaules, ce territoire était occupé par les *Suelteri*. On suppose qu'il exista, sur le même emplacement, non loin du *dolmen,* un « pagus » ou village gaulois, appelé « Griminum ». Vers la fin du vᵉ siècle, la ville étant ravagée par un énorme dragon, saint Hermentaire, évêque d'Antibes, l'en délivra. Du coup, *Griminum* devint *Dragonia,* d'où Draguignan, chef-lieu du bailliage de Fréjus, entouré au xiiᵉ siècle d'une muraille, percé de trois portes dont deux subsistent, protégé par un donjon sur la partie nord-est du rocher de l'horloge.

En 1579, les guerres de religion amènent la destruction des remparts. Le siège de la sénéchaussée, transféré à Fréjus, fut rétabli à Draguignan, en 1592. Après quoi surgit la querelle des *Sabreurs* et des *Canivets*.

Ceux-ci tenaient pour le Parlement, gens de plume accoutumés à se servir du canif *(canivet)*. Les militaires, ou *sabreurs,* formaient le parti du roi. L'assemblée, cause des troubles, fut obligée d'intervenir. Une commission rogatoire, appuyée de troupes, saisit les plus mutins, qu'elle conduisit à Aix. L'un, condamné à être étranglé à Draguignan, y fut pendu à un orme,

place du Marché ; les autres, destinés aux galères, y échappèrent
par la fuite. Le siège de justice fut transféré à Lorgues.

Le 20 septembre de la même année, quelques fuyards revin-
rent, escaladèrent les remparts, et assassinèrent plusieurs habitants, dont le premier consul.

En 1790, Draguignan présidait à un district. La trahison de
Toulon, en 1793, lui fit donner la préfecture du Var. Brignoles,
en 1796, la lui subtilisa, grâce à son député, durant six mois.
Elle en est revenue définitivement.

Par le boulevard ombreux de l'Esplanade, on la voit tout de
suite, plantée bien en face, entre cour et jardin. A droite, le
théâtre galeux manque de troupe permanente. A gauche, les
allées d'Azémar forment une jolie perspective, avec un square.
Tout cela ne donne pas beaucoup d'animation à ce lieu où jadis
une émeute de femmes arrachait au peloton un soldat déser-
teur.

Draguignan attend les premiers froids, pour se repeupler. Le
chemin de fer lui accorde chichement un petit raccord avec les
Arcs, sur la grande ligne. L'industrie le déserte peu à peu, malgré le léger filet d'eau du Bis, branche de la Nartuby, force
motrice économique. On a même utilisé une source salée, sulfureuse, albuminante, à faire tourner des moulins. Je me renseigne. La diligence de Castellane part à dix heures.

Dans un café, je commande deux œufs, les arrose avec du
vin blanc, corrige ce repas frugal d'une grappe. Je me rappelle
un clair soleil de mars, où nous allâmes voir le dolmen de la Fée,
entre son micocoulier, son if et son chêne.

Le paysage ne vaut pas celui de Grasse, car la mer est trop
loin. Dans l'embrasure, la vallée de l'Argens court selon sa
pente, sur des sables olivâtres et des pierres siliceuses. Pourtant la chaîne des Maures met sa note dans le tableau, et le
casque *triplex* du rocher de Roquebrune timbre l'horizon.

Ames des Canivets et des Sabreurs, ne revivez-vous point
sous de nouvelles formes, dans ces braves Dracénois, acharnés
aux luttes politiques, et qui tiennent parfois encore de rudes
batailles, pour ou contre la plume ou le plumet?...

III

J'y suis seul, près du petit jeune homme complaisant qui mène ses trois chevaux, par le chemin de grande communication n° 114, en ce dimanche de poussière.

Après le couvent de Sainte-Marthe, je reconnais la ferme, les trois arbres, la « Peïro de la Fado », autel ou tombeau, débris celtique. La Nartuby captée stagne en mares jaunes, sur son lit sec, tandis qu'elle ronfle dans l'aqueduc parallèle. Une brise époussette les arbres. Au carrefour du Pont de la Clappe, une fête locale se manifeste par deux petits drapeaux ficelés au poteau kilométrique.

L'aubergiste place des tables près l'estrade des musiciens. Ce soir, il aura beaucoup de monde. Tant mieux, car il n'a pas un chat, en ce moment.

La « gorge de Châteaudouble »; très recommandée, n'est pas trop féroce en somme, avec ses oliviers épars, ses montagnettes grises, ses tignasses de pins, son torrent réduit au minimum. Peu à peu elle se resserre. La route est ferrée de pierres bleuâtres, et la brise fraîchit encore. Des ombres descendent du ciel, plaqué de gros nuages blancs, vers les falaises sillonnées de cicatrices oranges et rouges.

A Rebouillon, existe la « grotte des Chauves-Souris ». La Nartuby d'Ampus rejoint la Nartuby de Montferrat. Un village en l'air nous regarde passer, de ses fenêtres biscornues. Châteaudouble possède un temple antique, près d'une citerne vieille.

Quand il pleut, la Nartuby bondit à la base. Après cet échelon, le vallon s'attriste davantage. Montferrat surgit ensuite, comme une consolation.

Marronniers et pommiers y fructifient. Nos chevaux boivent à une vasque. Nous grimpons au pas, derrière un âne nu, dont la silhouette occupe toute la ruelle ensoleillée. Puis, par un troisième vallon, encore plus lamentable, dans lequel tictacque vaillamment le moulin public, je gagne lentement la limite des bassins, croupes et plateaux, herbe maigre et cailloux, plaques de cultures, site d'Afrique.

En ce désert, la ferme de Mathurines semble attendre la main d'œuvre arabe. Dé Fayence ou Bargemon arrive un breack, qu'un soldat conduit. Suis-je revenu à l'El-Outaya, et vais-je voir des gourbis?... Pas une fumée ne monte vers l'azur, pas un toit ne pointe à l'entour. La chaîne des Maures se profile, indistincte de tous les renflements également pierreux, semblablement alignés, qui emplissent toute la vision, qui s'en vont, et sur quoi tombe Phœbus impitoyable.

Je redescends vers une rigole. De-ci, de-là, des petits tas de silex, blanchis à la chaux, délimitent les propriétés, s'ils ne sont un hommage à quelque idole, près de piteux arbousiers. En bas, l'Artuby, franchi sur trois arches, africain aussi, consiste en flaques croupies, vertes, laissées par un récent orage. Une côte dure ébrèche un roc tendre. Voici Comps, aussi gris, aussi laid que le paysage, malgré sa chapelle des Pénitents, voisine d'un moindre oratoire.

Tassé sous son vieux castel, orienté au midi, grand comme la main, perdu à l'extrémité de ce département dont la Méditerranée baise les pieds et dont le chaos emprisonne l'échine, le bourg possède pourtant des grottes, des sources, des prairies, voire des champs méritoires et parcimonieux. Pendant le relai, les citoyens jouent aux boules. Je complète mon déjeuner d'un bol de lait, où trempe du pain bis.

— Le pot-au-feu chauffe, m'offre l'hôtesse.

L'omnibus aussi. Toujours vide, toujours irradié, il s'ébranle, s'élève, cherche le Jabron, y dévale par des coulées comparables à des laves. O surprise, dans la rivière, en de l'eau véritable, barbotent des canards qui s'égosillent!... Le coin est champêtre et charmant. Puis le ruisseau nous guide, et, brusquement, près d'un pont en accent circonflexe, surgit Trigance.

Il est cuit et recuit, noir et misérable, plaqué sur une côte décharnée, protégé par une ruine moyen-âgeuse. La montagne a la forme, la teinte, la misère d'une énorme écaille d'huître. La giration du glacier antédiluvien, qui la scalpa, y traça en bosse l'œil ovale du tourbillon. Le Jabron, lâchant soudain la pente des prés et des verdures, y décrit un oméga, à même le calcaire. Ce bloc sinistre, diabolique, crénelé, devient absurde sous le ciel pur, dans la solitude et le silence.

— Personne ne vous a montré ça ? dis-je au cocher.

— Personne.

La trouvaille s'efface. Le pont du Riou nous fait passer du Var aux Basses-Alpes ; celui de Soleils nous met sur la route de Moustiers-Sainte-Marie et sur la rive droite du Verdon. Maintenant nous nous acheminons au nord, sous des murailles perpendiculaires, aux strates régulières et diagonales, jusqu'à ce qu'une courbe évolue en une hémicycle, autour de la pyramide du mont Saint-Étienne.

Jumeaux, les monts Bernebé et Pioulet y abritent Chasteuil. Les « Chaises de Brandis » simulent là-haut une forteresse cyclopéenne, dont se distinguent les mâchicoulis, les redans, les tours, les créneaux, les meurtrières. Les gorges du Verdon se sont ainsi casées, sur un parcours à peine exploré par de maigres haridelles, de rares fonctionnaires, et les agents électoraux des candidats millionnaires.

D'un petit bois, à droite, descend un bourricot, chargé de fagots. Son maître retrousse le pantalon, met les souliers sur l'épaule, et tous deux s'engagent, par un gué caillouteux, en la paix du soir. Plus loin, un vallon monte à Taloire, pour qui fut jeté ce pont tout goudronné, aux poutrelles en A, que relie un madrier. Les taillis se hissent, les noyers s'approchent, les « chaises » romantiques s'éloignent, un vieillard porte sa faux et remorque sa chèvre. Enfin paraissent le mont Saint-Jean et Castellane, reconnaissable à son roc énorme, typique, quadrangulaire, qui me rappelle le Puy-en-Velay, ayant sa Notre-Dame aussi.

La source salée du Moulin, jaillie de rochers gypseux, trouvant tout de suite une roue, s'est mise à la faire tourner. Elle aurait donné à la ville son premier nom : *Salinse*. Puis ce sont des arpents de lavande, un pont-aqueduc décoré du crucifix de fer forgé, une petite place où se carre un guignol. A quelle heure la correspondance de Digne ?...

— A trois heures du matin.

Chassés du littoral, les Sarrasins gravirent les Alpes. Deux hommes, Bevons et Valentinus, les mirent en fuite. Crainte d'un retour, Valentinus bâtit un château fort, sur le rocher autour duquel se constitua « Petra Castellana ». La population augmentée fonda plus tard, plus bas, « Burgus Castellanae », qui finit par devenir Castellane.

En 990, l'empereur Otto baronnifia Boniface Ier, dont les descendants grandirent avec les comtes de Provence. Prise en 1262 par Charles d'Anjou, la ville fut inutilement assiégée par les Espagnols, et par Lesdiguières. Les Austro-Piémontais, plus heureux en 1746, n'y eurent qu'une durée éphémère. Sous-préfecture de 1.800 âmes, dont les remparts et les tours du XIVe siècle servent de carcasse à une vieille cité toute maigre et pas du tout propre, l'ex-capitale des *Suetri* tient désormais en une rue et en cette place aux beaux platanes.

L'église neuve est d'un bon gothique. Un antique oratoire sert de forge à un maréchal ferrant, dans des verdures. Par-dessus la muraille, un sentier en « chemin de croix » mène à la Madone, grimpe au belvédère de 180 mètres. A ses pieds, un pont moyen âge, corseté de charpentes, amorce la route de Grasse. Le Verdon y bouillonne et rien ne révèle l'horizon de l'est.

Mais la nuit est tombée. Je dîne, puis je sors. Guignol allume ses lampions. La toile se lève sur un vrai théâtre dont deux femmes, l'une balafrée de moustaches, l'autre travestie, promènent le répertoire forain. Pour ce soir, un marquis dévergondé veut séduire une plébéienne honnête, qui lui montre l'horreur de cette conduite, résiste, finalement le renvoie à son épouse légitime.

Cinquante badauds indulgents, perdus dans le quadrilatère, applaudissent cette conclusion morale. La bise agite les feuillages. La voix grêle des artistes sonne étonnamment en ces ténèbres transparentes, sous le bloc géométrique et pieux. Seigneur don Juan, ces dames ont raison.

Il n'est pas permis d'induire les demoiselles en damnation, lorsque, d'un tel piédestal, parmi les étoiles d'or, la Bonne Mère vous regarde et vous entend.

IV

Réveillé, je retrouve Castellane endormie. Devant l'hôtel, les chevaux secouent leurs grelots, tandis que le cocher va chercher ses dépêches, au bureau de poste, dont les volets filtrent une lumière timide. Vraiment, c'est bien tôt, trois heures du matin!...

Le train est à cinq. Il fut avancé, afin de mettre au repos une des deux locomotives. Comme cela, si l'autre se détraque, le service reste assuré. O miracle d'économie!...

A quoi bon récriminer?... Le breack quitte la ville, comme s'il allait à Barrème. Je tente de me tenir dehors, mais le serein pince davantage, à mesure que la lune se dégage par-dessus l'échancrure. Nous sommes deux passagers, en chiens de fusil, chacun sur sa banquette. Le murmure du torrent m'assoupit. Je rêve au tramway électrique, facile à créer, qui desservirait ces cinq lieues. Soudain le cocher hèle, des chiens aboient, un berger grogne.

Dans sa limousine, il mène son troupeau, que nous fendons, comme d'une étrave. Dociles sous leur laine, trottant de leurs petites pattes, les bêtes s'en vont par étapes, vers la Crau, la Camargue, le pays des cigales et du mistral, vers la filature et l'abattoir aussi, car le prochain printemps ne les ramènera plus aux pâtures parfumées de lavande, de maurettes, de frêles fleurs alpestres.

Sous les étoiles, nous franchissons la rivière. Remontant à Saint-Julien, je reconnais la route de Nice, au bas de laquelle gronde le Vergons. Nous redescendons à un défilé, que termine un pont moderne remplaçant un pont romain. Sur la rive droite du Verdon, en un site médiocre, Saint-André est un bourg sans ca-

ractère, à qui la soudure du Sud-France enlèvera une dignité passagère.

On reboise, on endigue, mais les montagnes sont trop basses,
la gare est trop haute, draperies et confiseries y tiennent trop
peu de place.

Devant celle de la station, trois pataches surannées, de pareil
aspect, déchargent voyageurs et colis. L'une arrive d'Allos, la
nôtre de Castellane, la dernière de Puget-Théniers. Portant
mêmes inscriptions, elles se distinguent à la couleur de bâche.
Nous grelottons au vent frisquet. Enfin l'unique locomotive,
gravissant une courte rampe, nous remorque vers un tas noi-
râtre et laid.

C'est le déblai du tunnel de Moriez, long de 1.004 mètres, au
col du même nom. Le village est sur l'autre versant. Trois femmes envahissent le wagon, avec douze paquets. On se tasse.

Après Gévaudan, l'Asse de Moriez se confond avec celle de
Clumane. Au confluent, paraît Barrême, avec ses 1.500 âmes, ses
fabriques, ses conserves de pruneaux. Une voiture y arrive de
Castellane, et une seconde y vient de Senez, qui fut capitale gauloise et romaine.

Avant de déchoir au canton, *Sanitium* fut ruinée par les Sarrasins, en 812. En 1242, fut terminée la cathédrale, encore belle,
presque riche, rarement visitée. François Ier le saccagea, en 1536,
et les protestants recommencèrent, en 1560. Maintenant Senez
agonise, oublié, loin de tout.

Quoique reboisés encore, les monts s'éboulent sur la route
et sur le rail. Un « point d'arrêt » porte ce nom étrange : Poil-
Majastre.

— Voici le seigneur de Poil et de Majastre, me dit le contrôleur.

Un curé monte, face ronde, yeux intelligents, carrure solide.
Je noue conversation :

— Vous êtes du pays, monsieur l'abbé?

— Je suis Normand.

— Vous habitez les Alpes pour votre santé?

— Non.

— Vous retournerez là-bas ?

— Jamais.

D'où vient-il ? pourquoi est-il ici ? quelle faute expie ce prêtre étrange et laconique ?... Il plaint ses paroissiens, sans les aimer, sans même s'astreindre à apprendre leur langue. L'autre presbytère étant transformé en école, il dessert deux cures, deux communes, deux misères. Un aveu lui échappe :

— Nulle part, je n'ai compris le *Pater* comme à voir mes ouailles demander le pain quotidien au bon Dieu qui, du reste, ne le leur donne pas toujours.

— Ils sont libres penseurs ?...

— Ils sont indifférents.

Lui aussi, il l'est. Cela se voit à son regard vague, à son isolement volontaire, à sa volonté bien nette de ne rien perdre de lui-même en cet exil, mais de n'y rien emprunter non plus. Qui est-ce ?...

Ce n'est pas un ermite, puisqu'il arrive de Marseille et va se promener à Grenoble. Ce n'est pas un ambitieux. Il tire une cigarette, constate qu'on le regarde, la replace dans l'étui, et retombe à son silence.

Le train dévale toujours, le long de parois zébrées. Une coupure encadre Norante, sous un castel. Erreur, ce n'est qu'un rocher, découpé en fantasmagorie. Nous nous engageons dans la « cluse de Chabrières ».

Elle n'a pas la grandeur épique, mais ses parois fragiles se marbrent de curieux dessins. Une halte dessert le village.. On en sort par un tunnel, qui permet à peine d'entrevoir la « porte » étranglée, imposante, décharnée surtout. A Mézel, arrivent les courriers de Moustiers-Sainte-Marie et Riez.

Moustiers fut monastère de Maxime de Riez, puis colonie de celui de Lérins. Au XIVe siècle, Charles de Duras et Louis d'Anjou s'y battirent. Les Austro-Sardes ravagèrent, en 1746, ses faïenceries. Aujourd'hui, un millier d'habitants y vivent, à l'issue de la crevasse noire du Rioul, sur laquelle se rouille la « chaîne de l'Étoile », ex-voto, long de 227 mètres, qui passe par-dessus la chapelle de Notre-Dame-de-Beauvoir, fondée par Charlemagne.

Riez, encore plus loin, fut *Albece Reiorum Apollinarium*, colonie d'Auguste. On y voit les quatre colonnes corinthiennes, le forum, le Temple. La Révolution lui retira son évêque. Il y a onze lieues d'ici, raison de ne pas monter dans la caisse jaune d'où débarque un paysan solitaire.

Nous continuons à couper des ravines, des collines, un gâchis. La Bléone paraît, en sa plaine cultivée, sur son large lit que franchit un viaduc. Je suis contre le talus du P.-L.-M.

La rivière, contient peu d'eau et beaucoup de pierres. Un pont monumental la traverse, et une allée ombreuse m'y conduit. Le vaste hôpital, au-dessus de la gare, et l'énorme lycée, sur l'autre rive, annonceraient mieux qu'une préfecture de 7.000 âmes.

Sous Rome, Digne fut *Dinia*. Au xe siècle, elle était seigneurerie d'église, suffragante d'Embrun, que les guerres religieuses entamèrent, qu'une peste anéantit. En 1629, il y mourait cent soixante personnes par jour. Décapitée ainsi, elle devait devenir la proie **des circonstances**.

Le long du boulevard Gassendi, unique promenade, très belle, très abritée, sont des magasins orgueilleux, un café aux vives enluminures, voire certain casino. L'illustre philosophe, encadré de balustres, flanqué de deux fontaines, agrémente de sa statue la terrasse du Cours des Arcs. D'étroites ruelles concentrent le passé autour de la cathédrale Saint-Jérôme.

— Allez donc voir l'établissement thermal. C'est une faute de l'avoir méconnu jadis. Sans cette insouciance municipale, la ville en serait propriétaire, et nous serions tous riches !...

Soit ! j'y vais. Deux médiocres torrents tombent dans la Bléone : celui du Marderic, celui des Eaux-Chaudes. Le premier s'aligne, derrière le boulevard, et le second s'étale, au faubourg de Barbegas. A le remonter, durant une petite lieue, j'arrive aux thermes.

Huit sources sortent du roc, à la température de 28 à 40 degrés, souveraines pour les blessures, les rhumatismes, les paralysies. Un lépreux les rencontra, guérit, et cria au miracle. Malheureusement cette bicoque est demeurée lépreuse, elle, et si lamentable qu'il faut la foi pour y venir. Les baignoires, dont celle de Mme de Sévigné, dallées, frustes, laides, telles en cave, me déroutent plus que la piscine romaine en sa grotte.

Il y a aussi une chapelle délabrée, où pendent des béquilles. Dehors, la cour a l'aspect familial d'une auberge de Provence ; plantée de gros platanes, de tables rustiques, de bancs vermoulus. En face, sur un mamelon, un oratoire regarde crouler le château de la reine Jeanne. Le site solitaire est sans issue.

De retour, mon cocher me mène à la Grande-Fontaine, hors

la ville, par la route de Javie. Quatre colonnes géminées y supportent un fronton classique, encadrant des rochers moussus que lèche une eau claire. Ici commence la route de Barcelonnette.

Seyne-les-Alpes y fut la capitale des Edenates. Tour à tour gallo-romaine, sarrasine, « place de sûreté » pour protestants, elle en a gardé une enceinte et une petite citadelle désaffectée. Je me borne à faire vers elle cent pas, afin de voir, au cimetière, l'ancienne basilique de Notre-Dame-du-Bourg.

Quasi ruinée, consacrée aux seules messes funèbres, flanquée d'une tour à demi étêtée, précédée de deux lions qui soutinrent les pieds-droits du grand portail, elle est pauvre, malgré son autel mérovingien. Dans un caveau, on entassa des momies, cadavres rapportés de la nouvelle cathédrale. Digne s'est donc déplacée.

Sur la voie du littoral, la voie étroite, la future voie la plus courte, grandira-t-elle en son cirque, avec ses thermes et ses arbres? La morte n'a peut-être besoin que d'un coup de pouce. Je n'ai pas le temps de le lui donner.

Le boulevard Gassendi me ramène à la Bléone. D'un dernier coup d'œil, je salue le lycée disproportionné. Sous l'écrasant hôpital, le train vide la gare. Retombée à son néant, elle doit sembler à la fois trop petite, comparée à ce sanatorium, et trop vaste, collée à sa puînée, la stationnette du Sud-France.

V

Cinq lieues et demie sont franchies par la locomotive poussive. Le long de la rivière, la route nous est parallèle. Ce paysage n'a rien d'impressionnant. A gauche, les monts sont toujours rayés, teintés, mesquins, monotones. Des torrents suintent en des moraines, et des ruines s'écaillent de-ci, de-là.

Champtercier, dans la verdure, est la patrie de Gassendi. Un village se nomme Sieyès, et un autre Barras. A Malijaï, se montre une maison, où dormit Napoléon, retour d'Elbe, voyageur aux allures émeutières, césar redevenu aventurier. Nous traversons la Durance, afin de nous embrancher sur la ligne de la Méditerranée aux Alpes, voie unique, rampes et déclivités, incomplet lien entre Provence et Dauphiné.

Vue de Saint-Auban, « les Pénitents » des Mées, tuyaux d'orgue, rochers colossaux, menhirs de poudingue, se détachent, bruns contre le vert sombre du coteau. A Château-Arnoux, Volonne se distingue par deux tours. Après Peipin, on crie : « Sisteron ! » Profitons-en.

Sous les Romains, Segustero fut un évêché. Les Sarrasins s'y esbaudirent. On ne s'est rien refusé : trois pestes et trois sièges. Le premier fut par les catholiques, le second par les huguenots, le troisième par Lesdiguières. Reste une ville plutôt sale, où j'arrive par un boulevard plutôt coquet.

Sur le Pré-de-Foire, encombré de meules fourragères, le buste félibréen de Paul Arène jette sa petite tache blanche. Notre-Dame a une façade en accent circonflexe, et un clocher en pierres. La masse du fort coiffe de murs aigus toute une falaise abrupte, face à celle de la Baume, feuilletée, resserrant la Durance, étranglant la vallée, barrant aux gens du nord le chemin du midi.

Là-haut, Jean-Casimir et Ladislas VII, rois de Pologne, se promenèrent, captifs, oubliés, avec le plaisir de renifler l'odeur forte des cuisines, ail et huile, exhalée vers l'azur.

Sur une petite place, la Tour de l'Horloge, neuve et claire, jure avec l'ex-sous-préfecture lépreuse et la crasseuse mairie. Un logis bancal reçut encore Napoléon. La Porte du Dauphiné, à créneaux et mâchicoulis, défend à la fois le chemin, la Durance et le pont encadré dans la coupure, fortement appuyé au roc de la citadelle que gravit un escalier de 365 marches. Soudain, du faubourg, dont la grande maison épiscopale marque le centre, débouche un bataillon.

Mené par ses clairons, couvert de poussière, pittoresque et vaillant, il porte le numéro 14, celui de mes soldats du Parpaillon. Le drapeau paraît, la musique entame la *Sidi-Brahim,* les Sisteronnais sortent de leurs bicoques. Depuis des années, pareille visite ne leur était advenue. Et les compagnies défilent, en bourgerons, sur l'unique arche, les hommes redressés, les mulets se dandinant, la cantinière blottie sous sa capote. Vive l'armée !...

Sur le Pré-de-Foire, tout passe entre la fanfare et le colonel, puis tout se débande. Les fourriers courent, les bêtes s'abreuvent, les escouades campent. De son piédestal, Paul Arène sourit aux petits pioupious de la montagne.

— On nous devait bien ça, me dit quelqu'un, car notre garnison est partie, puis une usine de feutres s'est déplacée. Nous avons encore un joli bois, là devant, et des grottes, dans les environs, et des propriétés coquettes, près de la nouvelle sous-préfecture, le long de la route de Noyers. Pourquoi nous fuir ?

Je ne les fuis pas, je les quitte, par un tunnel qui traverse ville et roc. De l'autre côté, reparaît la Baume, avec la Durance à qui le Buech apporte ses eaux, que je rencontre, droit au nord. Dans l'est, une cime culmine, en forme de bonnet de police. L'express estival brûle Mison sur son mamelon, Laragne dénommée d'une araignée peinte chez un aubergiste, Eyguians qui dessert Orpierre et Buis-les-Baronnies.

La campagne est cultivée, sous les monts anonymes : peupliers, vergers, bosquets, fraîcheurs. Le soleil dore la vigne et durcit l'olivier. Des amandiers sont provençaux. Brusquement, ils s'évanouissent, sitôt le défilé duquel sort Serres, bâillant de ses toits et de ses terrasses, étagé sur une arête dont se ronge la base.

Les maisons y datent des XIV° et XV° siècle. La mairie occupe celle de Lesdiguières. Un omnibus joint Nyons. Le Dauphiné commence, « au Pas-de-la-Ruelle ». Nous quittons le Grand-Buech pour le Petit.

Le promontoire de la Bâtie-Mont-Saléon serait le *Mons Seleucus* d'Antonin, où Constantin battit Magnence, Franc valeureux, en 353. Veynes lui succède, ex-Vedetum, vieillot par son donjon, moderne par sa population ouvrière. Je demande des nouvelles d'un camarade d'enfance, jadis envoyé ici comme agent des contributions directes.

— Il jouait très bien aux boules, me répond-on.

Oh ! aboutissement de dix années d'études classiques et de plusieurs examens !...

Le buffet se transforme en hôtel. Trois voies ferrées, venant de Marseille, de Livron, de Grenoble, se soudent céans à celle de Briançon. Avant-hier, un orage a cassé des carreaux, défoncé une lanterne, presque décoiffé la rotonde des machines. Est-ce bien la peine de bifurquer sur Gap ?...

— Oui !

A droite, le vallon du Drouzet s'en va vers Barcillonnette ; à gauche, la Béoux a grignoté toute la montagne et ouvert une large brèche parmi les forêts déchaussées. A Montmaur, M. Charles Blanc, ex-préfet de police, possède un castel dont la curiosité est une salle d'armes de l'époque. D'ici part la route qui pénètre dans le Dévoluy.

Il barre l'horizon septentrional, formé de couches crétacées, ravagé par les troupeaux, dilué par les orages, inculte et farouche. Une cime s'en détache au sud : Céüze, encore alpestre, favorable aux botanistes. Le railway, entre elle et lui, cherche à mille mètres le « seuil de Freyssinouse ».

Ces falaises rougeâtres sont celles de l'Aurouze. Un canal d'irrigation nous accompagne, en une tranchée de schistes noirâtres, aboutissant à la plaine, large cuvette du glacier de la Durance, maintenant retirée à Tallard, quatre lieues plus bas. Je suis à Gap, sous les noyers de l'avenue d'Embrun, longeant les verdures de la Pépinière.

Sitôt traversé le petit pont de la Bonne, je croise la caserne vide, derrière la statue de Ladoucette, qui fut préfet, du 23 germinal an X. au 13 avril 1809. Les nôtres passent plus vite, mais on ne les sculpte pas. Celui-ci, bienfaiteur du département, bâtit ses routes et écrivit son histoire.

Vapincum, aux Voconces, était l'une des 115 cités gallo-romaines. Burgondes, Carlovingiens, rois d'Arles, empereurs d'Allemagne, comtes de Provence l'eurent tour à tour. Dauphinoise en 1512, donc à nous, elle appartint en réalité à ses évêques si impérieux que le huguenot Furmeyer la leur prit en 1562, que Lesdiguières y revint en 1577, que le duc de Mayenne dut y ériger ensuite le fort de Puy-More. Henri IV l'ayant livrée aux hérétiques, Richelieu la démantela. Depuis une peste tragique, la révocation de l'édit de Nantes, l'incendie allumé par les « Barbets de Savoie », Gap végète.

La voie ferrée, la Bonne, la Luye, le Turrelet lui forment ceinture complète. La cathédrale date de notre époque, ce qui lui enlève de son mérite. Sauf la culture légumière et le sertissage en bijoux de la pierre noire des Alpes, l'habitant n'exerce pas d'industrie spéciale. On y fonde céans un « Syn-« dicat d'Initiative ».

J'y pourrais citer jusqu'à quatre voitures publiques, pour Sisteron, Seyne, Digne et Corps, cette dernière atteignant le col Bayard par la route impériale, celle qui mena de Fréjus aux tours de Notre-Dame.

Une dérivation du Drac fertilise enfin quatre mille hectares, à quarante francs l'an et l'un, à concurrence de quatre mille litres par seconde.

Lesdiguières et sa femme ont chacun leur sarcophage, dans la salle du Conseil général, bizarre affectation. Rue Carnot, je retrouve les boutiques, les cafés, le « casino » intermittent de Digne. Des Basses-Alpes aux Hautes-Alpes, médiocre est la différence, malgré le détour accompli. Si j'insistais, on me montrerait pareillement la source sulfureuse.

Elle jaillit ici, plus originale, tout en haut du Puy-More, près la ruine catholique, aussi vierge qu'à l'époque où les prélats festoyaient au château de Charance, et où Mgr de Maillé revendiquait l'honneur d'être « l'évêque le plus jovial de « France ».

VI

J'en traverserai certainement quelques-uns encore, vrais ou faux cols, mais ce sera le dernier de ceux qui vous portent d'un versant à l'autre : Evire ou Forclaz, Simplon ou Petit-Saint-Bernard, Galibier ou Parpaillon, voire celui d'Allos; ce sera mon huitième grand col.

A Veynes, je ne retrouve plus que le train omnibus, réduit au minimum de voitures et de poids, afin de passer du bassin de la Durance à celui de l'Isère.

J'ai le loisir de contempler, en la contournant, la Montagne des Égaux, puis le plateau de Serres-la-Croix. D'autres archéologues, après la découverte d'un camp romain, en firent aussi le *Mons Seleucus,* déjà nommé. Aspres-sur-Buech nous sépare de la ligne de Die et Livron, et dénoue la boucle qui, du Petit-Buëch au Grand-Buëch, est parcourue également par les convois, dans les quatre directions.

A Veynes, l'horloge de la tour provenait de la Chartreuse de Durbon. Le maître-autel paroissial d'Aspres en fut pareillement rapporté. On va monter de 250 mètres en cinq lieues.

Le Devoluy reste toujours dans l'est, reconnaissable à sa face ridée de blessures profondes. Le torrent, qui désagrégea les calcaires, en apporta l'humus ici, afin d'y faire prospérer la lavande. Des fabriques de ciment, des scieries se sont casées, avant un défilé où la route nous colle au Buech. Ces collines jaunâtres, de peu de charme, cachent pourtant une oasis.

De Saint-Julien-en-Bauchaine, les voitures conduisent, parmi les prés et les bois, à la forêt de pins centenaires, où liserons et lézards s'entrelacent sur le monastère de Durbon, ruine romantique.

Fondé en 1116 par dom Lazare, disciple de Saint-Bruno, il

affirmait sa rupture avec le monde, grâce à une « cluse » étroite, fermée d'une porte. En 1793, le fisc s'en empara et les vandales l'acquirent. Il appartient céans à M. Peytral, vice-président du Sénat, dont le garde occupe le logement du prieur, au fond des halliers jaloux, et ses électeurs marseillais, commencent à envahir le site que les sans-culottes laïcisèrent.

Notre locomotive ralentit, à mesure que se boise la vallée, quittée ensuite pour celle du Trabuech. Maintenant la chaîne, verte en bas, gazonnée plus haut, se crenèle au sommet en falaises aiguës. La Tête de Lauzon les dépasse, cœur du Dauphiné, jonction des Hautes-Alpes, de la Drôme et de l'Isère. A Lus, notre machine reprend haleine. Ce sont bien les Alpes.

Le ruisseau de Lunel arrose une dépression sous les futaies. Entre la Montagne de Jocon et la Montagne d'Avers, une tranchée marque l'arête, à 1.166 mètres d'altitude. Lentement, lourdement, deux locomotives accouplées nous remorquent vers le col de la Croix-Haute, et nous précipitent immédiatement dans le bassin de Trièves. Ces verdures sont une révélation.

Ceinte de monts, ceinte de forêts, la contrée s'incline vers l'Isère. Au fond, dans la « plaine », au milieu de prairies ravinées par les affluents de l'Ebron et du Drac, d'innombrables villes et villages sèment leurs toits grisâtres : Clelles, Mens, Lalley, Avers, Monestier du Percy, Oriol. Le cadre y adhère.

A près de cent kilomètres, dans le nord, entourant Grenoble et formant la vallée du Grésivaudan, voici le Casque de Néron (1.305 m.), la Tennepé (1.772 m.), la Meije (3.987 m.) avec ses glaciers éternels. A l'est, sont l'Obiou et le Ferrand. Au sud et au sud-ouest, se dressent le mont Barral et le mont Aiguille. A mes pieds enfin, les pacages sont moelleux, les mélèzes sont vigoureux, la campagne est opulente.

La descente s'y opère en lacets, ondule avec le dessin des contre-forts, emploie d'immenses remblais, pénètre sous des tunnels. Les viaducs enchâssent leurs fines arches blanches en chaque tournant. Nous desservons le pays à une hauteur intermédiaire, sous un ciel houleux que le soleil perce encore. Puis le jour baisse et les nuages montent.

L'orage s'approche et s'accroche. Un vaste pan d'horizon vert orange demeure éclairé. Le feu d'artifice éclate, éclairs, roulements, pluie, tandis que nous dégringolons.

Saint-Maurice-en-Trièves est un coquet village, de quatre cents
habitants, situé sur le contour. Les enfants, comme les grandes personnes, y sont polis. Je me rappelle une coutume : quand
une cérémonie nuptiale est terminée, les nouveaux époux ne sortent de l'église qu'à condition que la « novi » tranche devant
elle, à la porte, avec des ciseaux bien rouillés, un large ruban
bien tendu. L'opération souvent se prolonge, les ciseaux coupant
mal, mais la galerie examine à son aise la toilette virginale.

Mont Aiguille.

Au contraire rogue et sévère, insensible à ces innocentes
plaisanteries, Mens, que dessert Clelles, fut le refuge des huguenots proscrits, même après la révocation de l'édit de Nantes.
La vache à Colas y paît encore. Elle possède une école normale
réformée et une église presbytérale. Le Chatel, qui les domine,
s'appelle : le Bonnet de Calvin. Pourtant un « car alpin » se rend
d'ici à la Salette, rapprochement plutôt paradoxal.

Mais le train continue de glisser. Tandis que tout flambe encore sur la droite, le mont Aiguille se dégage davantage de la
paroi gauche, à mesure que nous allons vers Saint-Michel-des-
Portes. Ce fut le « Mont Inaccessible », l'une des sept merveilles
dauphinoises.

Rectangulaire, isolé, à pic, il devait hanter. Aussi fut-il gravi, dès le 26 juin 1492, par Antoine de Ville, courtisan de Charles VIII, seigneur de Dompjulien de Beaupré, capitaine de Montélimar. Avec dix partisans et des échelles de cordes, il y campa six jours, planta trois croix, célébra une messe. Qu'avait-il découvert?...

— J'ai vu une prairie, raconta-t-il, une prairie inviolée que broutaient des chamois attroupés. J'ai vu des oiseaux sauvages, rouges, noirs, gris. J'ai vu des corneilles aux pattes écarlates. J'ai vu des herbes singulières. J'ai vu des choses et des êtres qu'oncques ne vit avant moi, et dont je rends compte à Votre Majesté.

Le 16 juin 1834, aidé par cinq autres paysans, Jean Liotard, de Trézanne, sans nulle échelle, renouvela l'expérience, et ne retrouva rien des histoires d'Antoine de Ville, blagueur féodal.

Maintenant, cent trente mètres de câble vulgarisent l'étrange pyramide où l'herbe pousse placidement à 2.097 mètres de hauteur, et où des débris de murs en pierres sèches prouvent que le seigneur de Dompjulien de Beaupré ne fut même pas le premier à fouler ce sol, jadis habité par quelque peuplade inconnue, fuyant les ravageurs païens ou les conquérants voraces.

Le mont Aiguille a perdu son mystère, sinon son intérêt, dû à un isolement qui me rappelle celui du Matterhorn. Il donne là-haut l'impression du vide; il impose en bas l'attraction de l'originalité. De la station, je le considère, et je le recherche encore, quand le train remonte déjà vers le col de Fau, afin de quitter le Trièves pour la vallée du Fanjarey, sous les dernières assises du Vercors.

Au Monestier-de-Clermont, une source curative coule en une pâture, médiocrement achalandée.

A Saint-Martin-la-Cluze, la Fontaine-Ardente perdit son prestige diabolique, depuis que les sondages ne laissent plus le gaz hydrocarburé sortir en feu follet d'une mare, jadis pareille à un bol de punch.

Nous dominons la Gresse. A sénestre, la Moucherolle s'appuie sur des bases puissantes. Soudain, par le tunnel du Haut-Brion, la vision change brusquement.

Le Drac se creuse, effroyable. Sur l'autre rive, grimpe la ligne de la Mure. Bien avant le Gothard, nos ingénieurs promenèrent ici leur tracé en une double S, au flanc, à l'intérieur, autour de cet éperon. Il domine le gouffre, le perd, le retrouve. Un vertige involontaire m'empoigne, à me sentir couler de la sorte, sous l'ondée, vers les profondeurs et les ténèbres.

Cette masse noire, devant nous, est celle de la Belledonne, entre Drac et Isère, et aussi celle de la Grande-Chartreuse. On revient du Drac à la Gresse. Sous soi, la ligne repasse du sud au nord, puis recommence. Tantôt on a Vif par devant, et tantôt par derrière. Les freins gémissent sous la charge. Ainsi la voie s'abaisse de trois cents mètres en trois lieues, et cela produit un tout autre effet que des ascenseurs de la tour Eiffel.

L'orage s'est apaisé. A nos pieds, des lumières piquent l'obscurité, le long de la rivière. Chef-lieu de canton, un peu industriel, un peu agricole, Vif a de vagues auberges où fume un bon potage, sous les ampoules électriques pareilles à des lucioles silencieuses.

VII

Qu'importe le sommier, pourvu qu'on ait sommeil !... La nuit passa vite. Après quoi, prenant simplement la direction de Saint-Georges-de-Commiers, nous franchîmes le Drac, côte à côte avec le railway, lui sur un haut pont métallique, nous sur un oscillant pont suspendu.

A voie étroite, sans crémaillère, l'État possède là un petit réseau extravagant, exploité en régie, pour la commodité du tourisme, mais aussi pour l'exportation de l'anthracite.

De la Motte d'Aveillans, Notre-Dame-de-Vaux et Peichagnard, cent wagons quotidiens circulent, sur de fortes rampes, grâce à de fortes machines. Les troisièmes classes sont closes, et les secondes à découvert. Elles mettent le panorama à notre disposition.

Trois fois, nous passons sur Saint-Georges. Une succession de balcons escalade la paroi et domine le torrent. Les terres y descendent, abruptes, crues, comme coupées dans les blocs exfoliés d'ardoises. Puis on vire, perd l'abîme, pénètre dans le cirque vert où, très perchée, la ligne serpente, est-ouest, nord-sud, sud-nord, devant soi, à dextre, à sénestre, partout à la fois.

La Motte-les-Bains est blottie, dans des verdures, avec château et établissement thermal. Je les contourne, par un premier viaduc semi-circulaire, et atteins l'autre versant, et franchis deux autres viaducs superposés, ceux du Loulla, qui me ramènent, au fond de la vallée, à la gare de la Motte-d'Aveillans, encombrée de combustibles, à laquelle un embranchement relie Notre-Dame-des-Vaux.

La Pierre-Percée couronne le coteau, dont un tunnel débouche dans la plaine de la Matheysine. La ruine de Peichagnard y est située de manière qu'il fallut tout un jeu de plans inclinés, de câbles, de bascules, afin d'amener la marchandise à la voie. Elle s'arrête à la Mure. Devant la gare, stationnent six omnibus, dont le mien.

Il n'attend guère. Nous traversons la ville d'un trot, afin de

Chemin de fer de la Mure.
(Photographie du Syndicat d'initiative de Grenoble.)

nous abaisser dans la vallée de la Bonne, qui nous arrive, se glisse sous le Pont-Haut, nous abandonne aussitôt. Où est donc le Drac, à présent?...

Sur ce plateau de Beaumont, fertile et ondulant, l'Obiou se hérisse, à droite. A gauche, verdoie une chaîne moins rude, d'où coulent des eaux claires. De-ci, de-là, une ferme, un cabaret, un hameau, un village, regardent passer les voitures gémissantes. Des hommes se tiennent sur les marchepieds, une vieille s'accroupit sous la bâche, une autre voyage en compagnie d'une bonbonne de vin. Deux soldats sont de la chevauchée. Et le cocher fouette, fouette ses trois bêtes.

Nous surplombons, tournons, gravissons, dévalons, fort aventureusement. Une chapelle, tapissée de lierres, est couronnée de la Vierge de la Salette. Aux Terrasses se mêlent cultures et logis. A La Salle, parmi les maisons, une sert de bureau de poste. Aux Egâts, l'auberge se résume en une salle unique, à la fois bar, bureau de tabac et boutique d'épicerie.

Dans une cuve de pierre, boivent les troupeaux, près d'un gros arbre. Un bœuf, solidement garrotté sous un appentis, se laisse ferrer. Cou bas, hanche levée, il regarde en dessous, de son œil rond, ces gens qui consomment, crient, fument. Afin qu'il remorque, en lourdes charretées, les gerbes d'alentour, on écorne son sabot, y plante des clous, rôtit la matière sous le fer rouge, sans troubler la rêverie de son âme bonasse et domestique.

Nous partons, toujours au complet. Nos lacets épousent les courbes de la chaîne, boisée d'espèces coutumières, non de pins, comme dans les grandes Alpes. L'Obiou, seul, garde son allure revêche. Au sud, le Ferrand se dégage. Un vallon arrive de la Salette, toujours invisible. Corps paraît, sur son promontoire, sous sa montagne.

Une date est gravée au seuil de l'Hôtel du Palais : 1762.

— Voilà deux cents ans, disent les filles du maître, que notre famille dirige la maison. Vous désirez, monsieur?

— Un déjeuner pour tout de suite, une voiture pour tantôt, et quatre chevaux menés par un cocher vigoureux.

Dès Corps, le chemin s'engage en effet sous le Planeau, qu'orne une grande croix blanche. On s'élève à travers bois, vers une prairie. Il faut marcher, car l'attelage serait impuissant. Je tourne un repli et dépasse un contrefort. Enfin surgissent le couvent et la basilique, entre le belvédère du Planeau et la cime du Gargas.

La basilique est romane et le monastère sans style. L'intérieur fut carrelé d'ex-votos. Deux tours complètent la façade. Aux fêtes, un carillon y chante. De la source miraculeuse au pacage, le long d'un sentier clos de grilles, s'agenouillent les croyants.

Le 19 septembre 1846, Pierre Maximin Girard, âgé de onze ans, fils de charron, sous tutelle de belle-mère, gardait ses vaches, accompagné de Françoise-Mélanie Calvat-Mathieu, dans un ravin, près la « Fontaine aux Bêtes ». A midi, ils remontèrent

la Sésia, jusqu'à un autre cours d'eau, la « Fontaine aux Hom-
« 'mes ». Y ayant trempé leur pain, ils s'endormirent. Au réveil,
près d'une troisième fontaine, mais desséchée, ils virent une
lueur, qui s'ouvrit pour leur montrer une « belle Dame » assise
sur une pierre, les coudes aux genoux, le visage dans les
mains, en pleurs.

Ainsi la Madone se présenta au berger et à la bergère.

Puis elle se leva, leur causa, les entraîna vers une petite tri-
bune de gazon, leur révéla ses volontés, et s'évanouit.

Telle est la pieuse histoire, qui entraîne les foules sur ce
point obscur d'une région ignorée.

Depuis un demi-siècle, on y compta un million de visites. Les
phases du miracle sont ressuscitées par des statues de bronze :
la vierge accroupie, les enfants en admiration, la vierge debout près d'eux. Non loin, un magasin, tenu par des nonnes,
vend souvenirs, photographies, objets de piété. L'enseigne spé-
cifie qu'il « n'est ouvert le dimanche qu'en faveur des person-
« nes qui ne peuvent absolument pas acheter un autre jour ».

Il y eut quinze mille fidèles, le 25 mai 1852, à la pose de la
première pierre du sanctuaire. Maintenant, le flot semble tari.
La loi sur les congrégations a dispersé l'ordre. Peut-être la vision possède-t-elle un meilleur charme, à ne pas résonner du tu-
multe des masses badaudes, loin du monde, près des cieux.

Pas un nuage ne s'accroche aux cimes paisibles. Le village
somnole sous nos pieds. Une vieille femme égrène son chapelet.
De jeunes prêtres fanent gaiement, près d'une meule, dans la
clarté du soleil. Nous montons en quelques enjambées au faîte
du Gargas, à 2.213 mètres. Devoluy et Oisans, l'un cruellement
aride, l'autre formidablement gibbeux, sont aux deux pôles, et
le Drac marque son cours d'une fissure.

Mais notre cocher fait des gestes. Rapides, nous rallions la
halte par une chapelle et par un cimetière. On regagne Corps
vivement, malgré la rudesse de la descente.

— Êtes-vous content? me demande l'aubergiste.

Dans le corridor, un lavabo de marbre, sombre et vieillot,
porte en lettres d'or l'inscription suivante :

« A la mémoire de Napoléon Ier, qui a logé dans cet hôtel,
« du 6 au 7 mars 1815, à son retour de l'île de l'Elbe. »

— Monsieur, je vous offre la chambre de l'Empereur.

Le dîner était excellent, la soirée fut fraîche, et j'eus la chambre. Elle donnait sur la rue, modeste, très modeste : un lit et deux chaises. Le plancher rugueux fléchissait sous moi. Je songeai alors au petit pâtre, à la pastourelle, et à l'autre visionnaire, qui dormit ici, traqué encore, ignorant si, le lendemain matin, Ney ferait tirer ses hommes, ou lui tomberait dans les bras.

VIII

Je me lève de bonne humeur, et je flâne. Ce chef-lieu de canton n'est pas d'une gaité folle. Aujourd'hui que le **courant s'est** détourné vers Lourdes, que la **politique** a sévi en impiété, on promet la voie ferrée, **dont** les moines avaient la certitude, quand ils émigrèrent. Combien d'années s'écouleront, avant que **législateurs** ou locomotives ramènent le courant de foi?...

Les Pères de Saint-Joseph logeaient alors les pèlerins, dans un vaste établissement, à l'entrée du bourg. Le monastère, là-haut, pouvait également recevoir six cents personnes, hommes d'une part, femmes d'une autre. Le téléphone communiquait, entre les deux. Ce n'est plus qu'un fil muet, que nous laissons à droite, avec le chemin de la veille, le ruisseau, la gorge, et le sourire de la Madone.

Nous allons maintenant suivre les traces de l'Aigle, sur cette route qui le conduisit du rocher d'Elbe au roc de Saint-Hélène.

En compagnie d'une poignée de fidèles, soldats ou miliciens, il quitta l'hôtel du Palais, le 7 mars 1815. La neige poudrait encore l'Obiou, toute blanche, comme pour une suprême flatterie aux Bourbons. Mais les paysans, le long de la voie royale, venaient acclamer « le petit caporal », l'Autre, en qui s'incarnait derechef l'esprit révolutionnaire, et que ses maréchaux juraient de ramener, mort ou vif, entre les mains de Louis XVIII.

Il a donc traversé les Egats, la Salle et les Terrasses, sans assister au duel comique des louagers poussant leur attelage, ni se hucher dans une capote, avec douze voyageurs dessous, huit dessus, des bagages, des prêtres, des touristes, embarqués sous la conduite d'un sourd-muet zélé, mais hurleur.

Son cheval arpentait la poussière. Je le devine, descendant la
côte du Pont-Haut, regardant La Mure grandir sur le coteau
que nous gravissons sur le coup de midi, comme tinte l'angélus.
N'est-ce pas vers la même heure, à la même place, qu'il parut
au seuil de la ville silencieuse ?...

Le recevrait-elle mieux que l'autre prétendant, l'autre « usur-
« pateur », celui qui mena ici ses Ligueurs en leur promettant
le Paradis pour une couronne ?...

La Mure, en 1580, était du côté de la loi salique et de la
poule au pot. Les protestants assiégés, affamés, y tinrent, deux
mois durant, contre le duc de Mayenne, flanqué de douze mille
hommes. Les femmes se battirent, et l'une d'elles, Cotte-Rouge,
y fut sublime. Un bras emporté, elle resta debout. Les soldats
papistes la voyaient brandir son moignon sanglant sur la brèche. Puis elle tomba. Une capitulation honorable termina cette
équipée.

Aujourd'hui rien ne reste des remparts historiques, ni du
duc obèse, ni de l'empereur alourdi. Les jours de marché, four-
mille le populaire, sur les trottoirs où les boutiquiers lézardent.
Un café s'est paré à la mode. Loin de l'église, l'hôtel de ville
se dresse, monumental, énergique, affirmatif. Mais le chef-
d'œuvre local, c'est le gratin d'écrevisses, ni laïque, ni clérical,
exquis dans sa neutralité, auquel chacun voulut rendre hommage à la fois.

Très bon, le gratin, mais trop bref !... Du reste, aurions-nous
le loisir d'en redemander ?... Notre omnibus nous cahote derechef, à travers la Matheysine, sur la route nationale n° 82,
sur la pente naturelle du plateau, vers les lacs de Laffrey.

Le premier paraît à Pierre-Chatel. Ils sont trois : lac de Laffrey, lac du Petit-Chat, Grand-Lac. Un quatrième, le Lac-Mort,
ne communique pas avec les autres. Ils forment des conques
transparentes, oblongues, ceintes de verdure, que la diligence
longe par une série de faibles rampes et d'ombrages, avec des
falaises pas méchantes. Nous les voyons en enfilade. Le soleil
les fait miroiter ensemble.

Ainsi nous atteignons Laffrey, au bord de la plate-forme qui
domine la Romanche. Au loin, j'embrasse les contreforts de
Chamerousse et les montagnes de la Grande-Chartreuse. L'é-
glise date des Templiers. Auprès, une halte de quelques minutes

permet de contempler, incrustée dans une muraille, la plaque qui reproduit la phrase historique :

— Soldats, je suis votre empereur. Ne me reconnaissez-vous pas ?... S'il en est un, parmi vous, qui veuille tuer son général, me voilà !

Les troupes étaient alignées, baïonnette au canon. Pas un ne voulut tuer son général, son empereur. Quelques mois plus tard,

Château de Vizille.
(Photographie du Syndicat d'initiative de Grenoble.)

au carrefour de l'Observatoire, était exécuté le maréchal Ney, duc d'Elchingen, prince de la Moscowa, pair du royaume, proclamé coupable de haute trahison par jugement de Haute Cour. N'eût-il pas mieux valu pour tous que la balle anonyme partît ici, d'un fusil irresponsable ?...

L'homme prestigieux reposerait à présent dans l'humble cimetière, derrière la muraille blanche. Ney aurait survécu. Et la monarchie en serait morte.

L'homme du Destin continua sa course, entraîna ses vieilles troupes, fit boule de neige, acclamé par les « demi-soldards », jusqu'à cette barrière de Bercy, moins difficile à franchir, moins critique vraiment que ces quelques mètres de poussière où bicyclettes et automobiles effacent céans son empreinte.

Je me retourne encore, sur mon perchoir, afin de contempler l'église, le cimetière, le mur. Nous avons semé un père grognon flanqué d'une fille pointue. Notre propre poids nous entraîne davantage vers un paysage nouveau, vers une vallée détaillée et bâtie, vers la vieille ville seigneuriale et manufacturière.

Vue d'en haut, Vizille ne manque pas d'allure : son château se dessine et ses usines s'empanachent. Puis on distingue les chapelles de Saint-Firmin et des Templiers, traverse la Romanche sur un pont solide, arrive à la place centrale, cœur de la cité.

Elle fut *Vigilia,* sentinelle sur la voie romaine d'Italie à Vienne. En 991, Humbert, évêque de Grenoble, en céda la moitié à l'abbé de Cluny. En 1162, Guignes V y mourut. En 1562, Furmeyer la conquit à l'hérésie. Les catholiques la défendirent efficacement contre Lesdiguières.

Ayant abjuré, ce dernier acquit le manoir, et l'acheva en vingt-six ans. « Viendrez ou brûlerez », intimait-il aux manants réquisitionnés. Ainsi put être reçu Louis XIII, avec toute sa cour, en 1623, dans le château d'orgueil.

Le 21 juillet 1788, dirigés par Monnier et Barnave, présidés par de Morges, les trois ordres dauphinois, « empressés de « donner à tous les Français un exemple d'attachement à la « monarchie, prêts à tous les sacrifices que pourrait exiger « la sûreté du trône », y proclamèrent le droit de refuser tout impôt non consenti par les élus, y vengèrent les paysans du XVIIe siècle.

Ils étaient 49 du clergé, 223 de la noblesse, 391 du tiers. Leur œuvre se résume en trois dates : arrêt du Parlement (19-20 mai), journée des Tuiles (7 juin), réunion du Conseil général (14 juin). Ils allaient se dissoudre, effrayés de leur propre audace, quand Claude Périer, grand bourgeois, leur offrit l'hospitalité. Alors se joua le lever de rideau de la Révolution, dans la demeure du reître tyrannique et mégalomane.

Combien de temps rappellera-t-elle ces événements ?

La flamme a détruit jadis toute l'aile où était installée une imprimerie sur étoffes. Restait le donjon central, tourné en poivrière, sur le côté gauche. La famille Casimir-Périer passa à

un spéculateur cette propriété quasi nationale, avec la statue
du connétable chevauchant son cheval de bronze, dans la cour
d'honneur. Seul, le monument des États du Dauphiné rappelle,
en face, ceux qui « ont, les premiers, affirmé les droits des Na-
« tions et préparé la République Française ».

Il fut inauguré, en un centenaire officiel, le 21 juillet 1888,
sous la présidence de M. Carnot. Hâtons-nous de visiter le château, de nous promener sous les interminables allées du parc séculaire, d'évoquer les ombres des ancêtres. Avant longtemps,
quelque fabrique s'élèvera sur les pelouses exquises, copiées
d'après Versailles ou Saint-Cloud. Ceux qui jetèrent la graine
d'émancipation sur ce sol loyaliste avaient-ils prévu ce suprême
avatar?

Souvenirs de Napoléon, acclamé au retour de l'île d'Elbe par
une foule en délire, êtes-vous aujourd'hui aussi oubliés que les
ukases de Lesdiguières?...

Vizille fume comme un vaste bûcher, tandis que repasse
en ma mémoire le cortège des citoyens accompagnant aux flam-
beaux les orateurs qui, après seize heures de discussions, mirent
la torche dans le vieil édifice de la royauté.

Vingt-sept ans après, les mêmes portaient en triomphe
l'Homme pâle et ressuscité, complémentaire et fatal, qui avait
brisé les sceptres sur son genou, couronné sa jolie créole,
attaché les monarques à sa domesticité, distribué leurs trônes
à sa famille, mis dans son lit la fille des Césars, assis son fils sur
le trône des papes, et qui revenait tout seul, en redingote grise,
du royaume insulaire et puéril où le Passé jaloux croyait l'a-
voir muré.

L'OASIS ET LA CITADELLE

Le tramway à vapeur, arrivé de Jarrie-P.-L.-M., pivote, siffle, crache. D'ici partent trois lignes : celle de raccordement avec le grand réseau, celle de Bourg-d'Oisans, celle de Grenoble. Rejoindre le premier, serait trop court; gagner le second, serait trop long; choisir la dernière, permet de quitter Vizille par-dessous la terrasse du château et de me trouver dans la vallée de Vaulnaveys.

Longue de neuf kilomètres, large d'un, semée de villages, elle repose comme un lieu de paix au sortir d'un chaos. Les prés sont fauchés, les moissons rentrent, les paysans nous regardent passer dans un nuage de poussière. Un cabaret rustique, voire un simple poteau, sert de station. Les contreforts sont minuscules, sous la forte chaîne de Belledonne. A peine remarquai-je qu'un seuil sépare le bassin de la Romanche de celui de l'Isère, avant d'atteindre une avenue, où papotte l'élégance.

Je m'imaginais Uriage-les-Bains moins champêtre, dans ce val que la route côtoie.

Les Romains connurent ses eaux sulfureuses, salines et ferrugineuses, avant que feue la marquise de Gautheron, pas sotte, y créât, sous Louis XVIII, l'établissement dont les siens restent seuls propriétaires. Dès 1841, l'un d'eux, M. de Saint-Ferriol, développa l'entreprise. Tout tient dans l'ancien lit d'un lac, en une prairie très vaste, que domine le château.

Sur un mamelon, le construisirent les Allemans. Il surveille le paysage paisible, idyllique, tout vert. Ses deux tours pointues du XIIIᵉ siècle furent reliées par une galerie du XVIᵉ. Le gros œuvre date du XVᵉ. Une restauration l'a régénéré, meublé de choses anciennes, décoré de tableaux, capitonné de tapisseries, orné enfin de collections où des ornithologies voisinent avec des antiquités égyptiennes. En bas, le domaine reste délimité par des barrières indulgentes.

La façade consiste en un rideau de bâtisses. Là se vendent

Uriage.

des bibelots, des limonades, avec office postal. Je réclame patiemment le téléphone.

— Allo! allo!... Est-ce Grenoble?...

— Oui.

— Retenez-moi, pour après-demain, une place dans la voiture du Vercors.

— Ce sera fait.

Le hameau d'antan comporte en outre un casino-théâtre, un hôtel symétrique, une fontaine publique, des kiosques, un pavillon de musique, devant le haut porche des thermes.

Plus vaste que Brides-les-Bains, il me rappelle le Mont-Dore. Vers le vaste herbage descendent prés et bois. Un ruisseau gentillet l'irrigue. A l'entour, des chalets se parsèment, en désordre.

On joue aux boules, au tennis, au crocket. La saison dure six semaines. Les Grenoblois y apportent, de midi à sept heures, le bruit de la ville, sans troubler l'intimité des habitués. Ce n'est pas cosmopolite, mais d'une mondanité discrète, qui rapproche les distances et favorise les convoitises matrimoniales.

Je vais goûter, sous un bouquet d'arbres. Les consommateurs flânent, devant des pâtisseries, des glaces, des tasses de lait. Trois jouvenceaux flirtent, autour d'une coquette, renversée en un rocking-chair. Des babys se traînent sur le sable, et un gros chien danois quête du sucre.

Le Château reçoit encore tous les rayons du soleil. J'entends l'orchestre par bouffées. Une langueur m'envahit, en cette oasis rencontrée après de rudes étapes. Pour un peu, je m'endormirais. Un marchand camelot ne m'en laisse point le loisir. Il vend pipes, fume-cigares, porte-cigarettes, tous en bois, tous pareils, tous ayant la forme d'un sabot emmanché d'un tuyau.

— Les trois pièces, monsieur, coûtent cinq francs. C'est du pur merisier, pris à Briançon, dans la forêt, à deux mille mètres d'altitude. Je le fais travailler à Baume-les-Dames (Doubs). La corne vient d'Irlande. Prenez-moi le jeu complet.

— Merci, mon ami.

Je me reprocherais ma pingrerie, mais réellement ce doit être un bien gros commerçant qui force à collaborer tant de contrées si distantes, rien que pour une pipe.

Je m'éloigne. Par un sentier, arrive d'en haut une caravane de mulets. Sur la route, à gauche, devant les boutiques, la naïade de Sappey s'allonge, au-dessus d'une vasque où boivent des bestiaux. Le train-tramway siffle déjà.

Le fourgon empli de bagages, nous partons. Tout de suite les freins sont à bloc. L'usine à gaz passe. Nous descendons la vallée du Sonnant en compagnie de la route, par une pente continue.

Chamrousse clôt l'horizon, par derrière la rivière, entre deux collines très plantées. Des chemins montent, serpentent. On se figurerait aux environs de Fontainebleau ou en pays de Bray, parmi les cascatelles chantantes, tant le torrent a l'allure bonnasse.

A Gières, le couloir débouche dans le Grésivaudan, au-dessus du castel que Lesdiguières prit en 1589, qu'Albigny lui enleva deux fois en 1590, qui n'est plus qu'une ruine.

La route est poussiéreuse. Nous la quittons, pour franchir la ligne de Chambéry sur viaduc. Au faubourg de la Croix-Rouge, Bayard fut inhumé dans le couvent des Minimes, à présent détruit.

Les usines se vident. Des ouvriers nous prennent d'assaut. Une vaste cité remplace le paisible vallon, que rafraîchissait l'eau claire, où minaudaient les belles.

L'Isère y coule, de l'est à l'ouest. Des forts, perchés tout autour, sont armés pour la défense. Lorsque le tram, remplaçant ses sifflements aigus par des appels de trompe, a franchi la poterne, il nous promène dans un quartier superbe.

Point ne suffit aux Grenoblois de démanteler leur ville, aujourd'hui poussée jusqu'au bord du Drac, avec une gare neuve, des quartiers neufs, des remparts neufs, peau neuve et neuf visage; ils éventrent le noyau séculaire. A chaque voyage, j'en vois fondre un morceau, comme chaque vague plus chaude emporte un pan aux icebergs. La place Grenette elle-même est en train de disparaître, absorbée dans une large percée. Que restera-t-il du carrefour où tant de générations défilèrent?... — Ses hôtels et ses cafés.

Grenoble ne date point d'hier. L'empereur Gratien, y ayant trouvé, en 380, un village allobroge de son goût, la transforma de *Cularo* en Gratianopolis. Franque, elle repousse en 574 les Lombards. Elle est ravagée successivement par les Arabes, les Burgondes, les Sarrasins. Ses évêques, dont le premier fut intronisé au iv° siècle, lui donnent le ton séculier. Isarn chasse les infidèles. Mallenus, Rodolphe III étant mort, prend en 1032 à Guignes-le-Vieux la semi-suzeraineté du Grésivaudan. De là surgit une compétition, que saint Hugues termina, le 5 septembre 1116 en un compromis, homologué par Frédéric Barberousse.

Les comtes devenus « dauphins », Humbert II crée, en 1337, le conseil delphinal. Douze ans plus tard, Louis XI annexe le pays, moyennant la promesse peu coûteuse d'en perpétuer le titre sur la tête des héritiers de France. Le 10 mai 1562, le baron des Adrets jeta au vent la cendre des anciens maîtres. L'oppression huguenote, interrompue un instant par la revanche catholique de Maugiron, fut close seulement en 1563, lorsqu'il décampa.

Le 7 juin 1788, la « Journée des Tuiles » apprit à Louis XVI que Grenoble, marraine de son fils, adoptait la Révolution.

Ayant voulu dissoudre le Parlement, coupable de protester

contre les nouveaux impôts, le duc de Clermont-Tonnerre est assommé par le peuple. Les parlementaires partent néanmoins. Ce fut donc le corps municipal qui, le lendemain 14 juin, réclama la convocation des États Généraux. De là sortit l'assemblée de Vizille.

En 1814, la population repousse vingt mille Autrichiens. Le 7 mars 1815, Napoléon arrive de Laffrey, accompagné de Labédoyère, au milieu des vivats. Après Waterloo, on résiste, durant trois jours, aux Austro-Sardes. Les 4 et 5 mai 1816, Paul Didier, suivi de ses montagnards, tente de renverser la monarchie. Mais il échoue, et la Restauration fusille, guillotine, écrase les insurgés.

De tout cela demeure céans le Monument du Centenaire, des tas de gravats, de gros immeubles, des maçons, de la troupe, des étudiants, des palais, et un admirable décor de crêtes immaculées, passant par-dessus les cheminées, comme pour faire oublier que le salariat succède au vasselage, tandis que les monts portent toujours la tête haute, dans le ciel.

De Puget-Théniers à Grenoble, du sud au nord, j'aurai vu ainsi tour à tour les nuits bleues, les cimes blanches et les âmes rouges, toute la France alpestre résumée en trois couleurs, les couleurs de son drapeau.

ENTRE RHONE ET RHONE

I

LE LUTH, LA PIOCHE ET LA TRUELLE

Quand on y débarque, rien de particulier ne révèle la curieuse cité séculaire, autour de qui serpente l'Isère, au-dessus de laquelle se dresse le double étage du Rabot et de la Bastille, système solide de batteries et de forts.

De leurs terrasses, les Alpes se découvrent jusqu'au mont Blanc. Les gueules des canons menacent et grondent. Le chemin de fer y buta jadis en cul-de-sac. L'ayant reporté vers le Drac, on livra aux spéculateurs la presqu'île tracée de larges avenues en diagonales, que sillonnent tramways électriques et tramways à vapeur, réseau urbain et réseau suburbain. Ainsi Grenoble fut ouvert et découvert, il y a une vingtaine d'années.

Auparavant, c'était un chef-lieu trop près de la frontière. Les civils s'y croyaient en exil, et les soldats en vedette. Ils s'aperçurent qu'ils habitaient une des plus jolies villes de France, le jour seulement où le gros public s'y précipita.

Première station de la route, les Grenoblois fondèrent le syndicat, d'abord purement platonique, puis commercial, qui édite des brochures gratuites, imprime des affiches suggestives, organise jusqu'à des services de diligences. La Muse de cette rénovation, Mme Drevet, vient de mourir, laissant de quoi lui fondre un buste, pour avoir appliqué l'amour du pays natal à l'enrichissement des hôteliers. Son luth vibrait céans, au bruit de la pioche et de la truelle.

Que d'immeubles nouveaux, autour des places Victor-Hugo et de la Constitution, tous pareillement corrects, tous de banalité cossue et de majesté monotone. Que d'argent dépensé! que de centimes additionnels!... Après les tuiles insurrectionnelles, l'impôt librement consenti dota les moellons utilitaires.

Musée, lycée, poste, préfecture, représentent l'architecture moderne, parmi les magasins et les cafés. Le monument du Centenaire, jumeau de celui de Vizille, ex-voto des mêmes États précurseurs, est un château d'eau où trois hommes, noble, prêtre, bourgeois, lèvent ensemble les bras vers les gouttières d'en face. Un deuxième orne la place Grenette, et une Fontaine du Lion la place Cimaise. Dans le Jardin de Ville, Lesdiguières fut sculpté en Hercule, par Jacob Richier. Une quatrième borne possède un *Torrent* de Basset, sculpteur amiénois. Bayard a sa statue, naturellement. Cela constitue de bons points de repère.

Mais tout aligne, la nuit, de vastes placards sombres et tristes, presque menaçants, le long des voies désertes où circulent des trains entiers, où glissent les voitures automotrices, où s'égarent les passants, où voisinent ganteries, chantiers, usines et manufactures.

Les églises, sans démériter, ne valent point le laïque.

Notre-Dame, dont un énorme portail en ciment encadre la vieille porte romane, fut fondée par Isarn, l'évêque-paladin, vainqueur des Sarrasins, sur les restes de l'enceinte romaine. Elle est surmontée d'une lourde tour. Les styles s'y embrouillent. Au dedans, des détails, un « tabernacle » et un mausolée, me suffisent sans me ravir.

Saint-André, également compliqué de reprises et de restaurations, avec un clocher pointu au fût carré, possède le tombeau vulgaire du chevalier sans peur et sans reproche.

Saint-Laurent provient d'un prieuré de l'abbaye de Saint-Chaffre, qui en émailla l'abside de hiboux et de têtes d'hommes emmanchées à des corps de reptiles.

De là, je suis la rive droite de l'Isère, quai Xavier-Jouvin. L'effigie de gantier rénovateur fut érigée en 1889. La ville de

Charlemagne tenait toute de ce côté, entre la Porte Saint-Laurent et la Porte-France, étroite et collée sous l'éperon où la rivière écume comme au temps des désastres.

Le 15 septembre 1219, le lac de Saint-Laurent, crevant sa digue de rochers, descendant du Bourg-d'Oisans, la fit sortir de son lit, et noya la moitié de la population. En 1859, elle jeta de nouveau un mètre et demi d'eau sur la ville. Maintenant emprisonnée dans de hauts quais, elle les bat avec une colère obstinée.

— Vous savez que nous avons le congrès de la Houille Blanche?... M. Hanotaux a prononcé un bien beau discours d'académicien. Les torrents, c'est la force et la lumière.

— L'Isère, c'est aussi de la rage concentrée, qui peut exploser comme une chaudière.

Je la franchis sur le pont de la Citadelle, je la remonte, je traverse une poterne, je me trouve en un lieu presque bocager.

Hors des remparts, les jardins de l'Ile-Verte poussent follement. Excentriques, ils ont pour ceinture l'eau dormante des fossés et pour guirlande l'indolence des nénuphars. Des artilleurs, des lignards, des alpins y courtisent les bonnes d'enfants pas très élégantes. Celles-ci sont au service d'une demi-bourgeoisie; ceux-là esquivent les manœuvres. Un calme profond les encourage de sa complicité.

Prendrai-je un à un ces tramways qui cornent, sonnent, grincent, desservent les banlieues, et que le fil aérien va transformer?...

Sassenage, Bouquéron, le Pont-de-Claix, ont chacun droit à une visite, que je leur ai rendue.

Sassenage possède le catafalque de Lesdiguières, un château plein de Gobelins, et ses « cuves », grottes où tombent des douches.

Bouqueron montre un logis du XIᵉ siècle, délicieusement perché sur un mamelon, avec un établissement hydrothérapique, moins luxueux.

Le Pont-de-Claix asseoit, à l'extrémité des quatre lignes d'arbres du Cours Saint-André, son pont de 1611, qui enjambe le Drac d'une arche légère, près d'un plus moderne.

Mais, avant la nuit, je retourne au palais de justice, au vieux palais des Dauphins, donné par Henri IV à Lesdiguières augmenté aux frais du reître, reconstruit en 1889. On y accommoda les débris de la Cour des comptes et du Parlement. On y respecta la tour du xii⁰ siècle et la fine tourelle centrale. Je parcours le jardin, longe le théâtre, me rapproche, touche la berge, et vois Grenoble dans toute sa beauté.

Quatre ponts passent sur la rive carlovingienne. Par delà les toits, se dressent les monts. La neige y persiste, tandis que le soleil couchant illumine les pignons, en une caresse septembrale.

Il disparaît derrière le massif de la Moucherolle. Celui de Belledone est tout rose. A présent, je me rappelle Uriage, si mondain, si coquet, si amusant. Que n'ai-je le loisir d'y séjourner!...

Voici que les usines vomissent derechef leurs ouvriers, pressés de se disperser. Ont-ils le temps, eux autres, d'aller voir paître les troupeaux, s'épanouir les cascades, se bousculer les avalanches?... L'image de feu Jouvin ne comporte pas l'alpenstock, ni le chapeau tyrolien, et son geste montre, non les cimes, mais les cheminées.

A cette époque de l'année où, abandonnée par ses écoliers et ses soldats, Grenoble a l'orgueil de montrer aux touristes superficiels le vieil artisan, je songe à la fabrique qui emploie les eaux bondissantes, et dont les fines tanneries croqueront demain aux doigts des jolies femmes.

II

DANS LE VERCORS

— C'est moi qui vous ai téléphoné.

— Pour la voiture de Villars-de-Lans.

— Parfaitement.

— Vous verrez un beau pays, mais vous vous lèverez bien matin.

Peu importe. Dès six heures, je suis au rendez-vous, place Grenette. Trois tapissières stationnent : les deux premières pour la Grande-Chartreuse, par le Sappey ou la Placette ; la dernière pour le Vercors. C'est la mienne. Moins encombrée, elle part après les autres. Il fait déjà frisquet, là-haut, sur le large plateau, entre Isère et Rhône.

— Enveloppez-vous dans la couverture, me recommande-t-on.

Par les rues neuves et les places solitaires, nous gagnons le pont suspendu du Drac, fermé de grilles fiscales, défendu par des paratonnerres. En aval, j'aperçois le Pont-de-Fer. Les rails du tramway nous accompagnent jusqu'à Sassenage.

Sitôt la vision de la gorge verte et de l'aqueduc habillé de lierre, l'ascension y commence, par un raidillon, par la coupure du Furon.

On relaie, à mi-côte, non sans peine, car l'aubergiste a quitté son poste. De la crevasse, sortent deux castels paradoxaux, sur deux rocs. La route, tantôt s'améliore en se dédoublant, tantôt redevient primitive et escarpée.

En arrière se montrent le Grésivaudan, le Grand Som, le Belledone et le Taillefer.

En face le torrent débouche par une cascade, sous Engins.

Après quoi, en un défilé plus avenant, se faufile une eau

si cristalline que j'y distingue les écrevisses. Elle provient d'un vallon, où la crête grisâtre de la Moucherotte n'est plus qu'un coteau fermant une cuvette cultivée. Des chemins se croisent, allant à des groupes de maisonnettes.

Un mène à Saint-Nizier-du-Parizet, et un bifurque vers Autrans. Sur la plaque d'un hameau, je lis : Jaume. Depuis près de quatre heures, je n'ai encore vu qu'une automobile. En voici une seconde, dont les gens consultent les poteaux kilométriques.

Des sources s'écoulent vers une dépression. Montant et descendant, tournant et contournant, nous atteignons un gros bourg très propre, une large place, des maisons pignonnantes. Je suis à Villars-de-Lans.

O la bonne auberge !... J'y déjeune : crustacés à discrétion, canard savoureux, saladier de fraises. Le café lui-même embaume. Hélas ! il faut s'en aller, sous les rayons qui tapent dur.

Nous décrivons un circuit et rattrapons la Bourne. Cela devient intéressant. La rivière s'enfonce en une gorge verticale que domine « la Corniche » pratiquée au pic et à la mine. Des scieries se casèrent, en des postures étranges. Nous permutons, à chaque lacet, de l'ombre à la lumière. Des gouffres provoquent le vertige et des cavernes vomissent l'eau de siphons mystérieux. Au pont de la Goule-Noire, les arbres retiennent les terres, une teinte d'encre assombrit les roches, tout au fond un affluent s'échappe d'un antre. La « Goule-aux-Fées » de Saint-Enogat me revient à l'esprit, étrangement, par une lointaine homonymie.

Si nous suivions la route qui s'engage en tunnel, la rivière nous conduirait tout de suite au but, par la Balme-de-Rencurel, Choranche, Chartreux-les-Bains.

Notre voiture bifurque et gravit les bois du Rang-Bouret. Nous évoluons, de plus en plus haut. La Bourne se bouscule, de plus en plus bas. Finalement, nous atteignons un vaste plateau, à peine ondulé, fort alpestre, qui est le Vercors enveloppé d'abîmes.

Saint-Julien y effile son clocher. Bientôt novembre couvrira de neige les pelouses semées de fleurettes. S'en inquiètent-ils, Provençaux ou Lyonnais, qui goûtent céans la pureté de l'air, loin des canicules ?

A Saint-Martin, toute une famille est assise, devant l'église,

Les Grands-Goulets.
(Photographie du Syndicat d'initiative de la Savoie.

dans la bénédiction d'un orme séculaire. Elle ne se dérange seulement pas au bruit de nos grelots. Un voyageur les reconnaît : ils sont de Toulon. Las des canonnades, ils savourent les laitages et reprennent haleine dans la vigueur du vent.

Le bandeau des montagnes se profile au nord, par-dessus la forme tranquille des herbages et des guérets. En un val hésitant, vagit un ruisseau, barré par-ci, saigné par-là, baignant Chavary, « que signalent une scierie et une crémerie modèle ». Aux Baraques, le cocher annonce :

— Les Grands-Goulets!...

Ici finit le Vercors. La Vernaison en sort par une fêlure où ne passerait même pas un piéton, culotte retroussée. Contre la paroi, je copie cette inscription :

« Route des Grands-Goulets, construite de 1845 à 1851. Aux « promoteurs de ce beau travail, Adrien Joubert et Ernest « Joubert, son fils, conseillers généraux de la Chapelle-en-« Vercors, les habitants du Vercors, reconnaissants. Plaque « commémorative, placée le 14 juillet 1895. »

Auparavant, ladite Vernaison, venue du col du Rousset, irriguait seule, sud à nord, cette vallée longue de quatre lieues, large d'un kilomètre. En vain le Royans se peuplait-il. Ceux d'en-haut ne pouvaient fréquenter chez ceux d'en-bas. La route en souterrain brisa l'enchantement.

Sous les embrasures la rivière ronge sa gangue. Les verdures y tombent en tapisseries. Sous un pont, l'eau cabriole. Soudain, la toile se tire.

D'une hauteur de 80 mètres, la Vernaison s'abat dans la vallée qu'illumine le soleil, où une maison cantonnière demeure isolée. Il y a des vignes, des mûriers, des châtaigniers, des pins, des hêtres. Échevis est sous le Rocher-du-Guignon, de l'autre côté du torrent. Nous le franchissons, remontons et allons buter derechef contre un mur.

— Les Petits-Goulets, dit le cocher.

Cette fois encore, la voiture utilise des encorbellements, avec cinq tunnels successifs. La montagne de l'Allier nous surplombe. Enfin, la plaine du Royans s'entre-bâille, puis de beaux arbres nous ombragent. Un monôme d'orphelines est mené par des religieuses. Je suis à Sainte-Eulalie, où se voit le baraquement du tramway de Valence.

21

— Monsieur, le train part seulement à huit heures.

Pont-en-Royans, capitale de la région, enjeu que se disputèrent protestants et catholiques, montre ses maisons recuites. La Bourne y reparaît, sortant d'un hémicycle qui semble le cratère égueulé d'un volcan de cendres, sous une ruine féodale. D'une rue dorsale, des escaliers, des venelles, se détachent vers le précipice, fossé, égout collecteur, où tombent les gouttières des logis surplombants. Tout ça, cimenté de vieillesse et de crasse, prend des postures extravagantes. On y tisse du drap, tourne du buis, vend des truites.

Barrée dans un cadre de verdures et d'herbages, la rivière se transforme aussitôt en un lagon clair et vert, artificiel et charmant, le long duquel ma tapissière s'en va vers Saint-Marcellin, au pas de ses chevaux las, emportant les voyageurs éreintés et déjà somnolents. Le soir tombe, par grandes plaques. Tout d'un coup, Pont-en-Royans allume ses lampes, telles des vers luisant sur la face ridée des immeubles noirs, et l'étang, prisonnier des maçonneries et des collines, s'endort doucement au bord de la campagne.

III

Sans trop savoir pourquoi, je suis parti dans les ténèbres. Le long de routes désertes, le tramway à vapeur roulait, cahin-caha. Les villages étaient ensommeillés. Je fis comme eux. Ainsi, revoyant le Vercors en silhouette haute et silencieuse, je gagnai Chabeuil, sans distinguer même son vieux manoir, après avoir touché à Bourg-de-Péage, dont le chapitre de Romans fit jadis un simple tourniquet fiscal, face à Romans. Valence !...

Me voici dans une ville de 26.000 âmes, homonyme d'une cité espagnole, dont le nom sonna vingt fois à mes oreilles, sans résultat. Après les cimes, j'apprécie cette confrontation. Valence, cinq minutes d'arrêt, buffet !... Capitale des Ségalauniens, asile où l'usurpateur Constantin résista victorieusement à Honorius, cité des évêques et des statues, je relis ton histoire, depuis la *Ventia* qui devint *Valentia*.

Au moyen âge, la mitre y régna si durement que les ouailles se donnèrent à Louis XI, lequel se contenta de les partager, crosse et sceptre associés. Du duché de Valentinois restait un simple titre, porté en écusson, au cimier ou sur le jabot de dentelles. On y montre un goût très prononcé pour les inaugurations.

Au matin, dès le débarcadère, la statue de feu Bancel me communique le respect inopiné de la foi constitutionnelle. Je cherche celle du président Bonjean, fusillé par l'Insurrection. J'en trouve au contraire trois autres, le long des boulevards : Championnet, Augier, Montalivet.

Par l'avenue rectiligne, comme on marche vers la lumière, je vais du railway au Champ de Mars, esplanade presque excentrique, laissant l'agglomération sur la droite, dominant de ses quinconces la vallée du Rhône aux bigarrures jardinières et potagères.

Un porche en arc-de-triomphe, clé du pont suspendu, indique le fleuve invisible, qui vient de Lyon, file vers Montélimar, va des canuts aux magnanarelles. En octobre, M. Émile Loubet viendra poser la première pierre du deuxième pont. Un chaland siffle et une trompe corne. Le premier porte des marchandises et la seconde appelle des voyageurs. Championnet, sur son socle, semble me recommander le petit tram-omnibus.

— Où allez-vous?...

— A Saint-Péray, pour cinq sous.

La route descend, puis s'engage sur le pont. Au pas, le véhicule franchit la large trouée pierreuse, où roule une eau verdâtre. En face, barrant l'horizon, la chaîne du Vivarais aiguise ses dentelures en scie, ses nudités jaunes, ses falaises fauves. Un bloc avance, au pied duquel la fumée blanche des trains dénonce la ligne de la rive droite, sous une ruine qui se découpe. A l'entrée du bourg, le château de Beauregard, ex-prison, est devenu guinguette.

— Montez-vous au château de Crussol?

— Là-haut?... Merci.

Je sais qu'il appartient à la duchesse d'Uzès. Mais je reviens à travers la grande plaine. Un groupe d'artilleurs à cheval trotte vers nous, dans la transparence et la poussière. Leur caserne est tout ce qui rappelle l'école où le lieutenant Bonaparte, sitôt sorti de Brienne, apprit à conquérir le monde.

Où est aussi l'Université de Louis XI, qui enseigna tour à tour à Scaliger, au chancelier de L'Hôpital, à Rabelais, à de Thou?...

Où est la place des Clercs, qui vit Mandrin roué vif, le 26 mai 1755, devant l'affluence des vilains?...

Où est le lit dans lequel expira Pie VI, otage de la Révolution?...

Revenu à Championnet, je flâne en la ville aux rues contorses. La cathédrale elle-même ne m'inspire guère l'admiration, petite et basse, gâchée par les restaurations. Une tour de 1861 en défigure la façade. Urbain II y a prêché la pre-

mière croisade. Puis les guerres de religion la bouleversèrent.
La nef offre à peine quelques chapiteaux. Du pape captif restent,
en un cénotaphe, le cœur et les entrailles. Le corps est retourné
à Rome. Au dehors, le Pendentif, unique débris du cloître,
fut le tombeau des Mistral, grands parlementaires.

Il faut visiter la Maison Dupré-Latour, dont l'escalier mytholo-
gique s'effrite, et la Maison des Têtes, dont les médaillons se
rongent. J'ai traversé la place des Clercs. J'arrive à celle de la
Liberté, entre un bel hôtel de ville, tout neuf, et un vilain théâtre, tout galeux. La rue Madier-de-Montjau me mène à la place
Madier-de-Montjau, qu'orne un sujet de bronze. Est-ce lui?...

— Non, c'est Montalivet.

Ici, le boulevard couvre le tunnel du P.-L.-M. D'un côté, les
plaques portent le nom de Sadi Carnot; de l'autre, celui d'Al-
sace-Lorraine. Quand on n'est pas assez riche en voies publiques pour honorer deux idées, eh bien! on leur partage la
même avenue, tout simplement. Il reste ainsi de quoi immorta-
liser M. Loubet.

Je rejoins ma quatrième statue, celle d'Émile Augier, trop
grêle sur son lourd piédestal, malgré l'adjonction d'une table
où s'appuie l'écrivain, et le souvenir me revient des choses
amusantes : refus d'admettre au Salon l'œuvre de la duchesse
d'Uzès, installation foraine devant la porte latérale de l'ex-Pa-
lais de l'Industrie, apothéose solennelle en présence de Félix
Faure.

Le lendemain, ce dernier partit en bateau pour Orange. Les
Félibres lui disaient des vers, et les politiciens lui demandaient
des rubans. A chaque escale, un orchestre jouait la *Marseillaise*. Son futur successeur, la veille au soir, s'était bourgeoi-
sement esquivé [1].

Le cinquième monument consacre la gloire de Louis Gallet,
ancien fonctionnaire de l'Assistance publique, auteur de li-
vrets et d'à-propos, dont l'image mobilisa de nouveau les poètes aux cheveux noirs, aux barbes crêpelées, au verbe sonore.

Valence n'est pourtant que dauphinoise. Elle ne voit point
mûrir les pommes d'or, sur les orangers. Ses paysans cultivent
comme les nôtres, prosaïquement, la bonne terre fertilisée par

---

1. Lire *Au Pays Bleu* du même auteur.

l'eau de la Bourne, de l'Isère et du Rhône. Le chant des cigales y alterne avec celui des grillons, dans les soirs d'été où le « coche d'eau » remonte de Provence et retourne au pays des brumes.

Je pourrais visiter encore Saint-Ruf et Saint-Jean. Hélas! Saint-Jean fut reconstruit en 1850, et Saint-Ruf, copié au XVIIIe siècle sur Saint-Pierre-de-Rome, n'est plus qu'un temple huguenot, après avoir servi de « salle décadaire », en 1793. C'est là que fut déposé le cœur de Championnet.

Alors je songe au général, né ici en 1762, mort à trente-huit ans. Le Directoire ne lui pardonna point d'avoir fondé à Naples une République pure, probe, intelligente. Bonaparte le retrouvant, sorti des geôles de Turin, miné par le découragement, exilé à Antibes, l'y laissa. C'est là-bas, au bord de la Méditerranée, qu'il repose entre quatre planches, défendu par quatre grilles, dans la zone du fort de Vauban. Pourquoi les Valentinois n'ont-ils jamais ramené chez eux la dépouille de ce soldat sans peur et sans reproche?...

Une statue, c'est parfait, mais un tombeau serait mieux.

Je le placerais sur le Champ de Mars, dans l'axe de l'avenue de la Gare, en ligne avec le Bancel du sculpteur Amy. Celui-ci commenterait celui-là. Lorsque les démocraties ne savent pas être justes envers qui les sert, elles se réveillent tôt ou tard sous le globe impérial, et c'est ainsi que les ingratitudes de Barras tissèrent la trame du manteau où Napoléon broda les abeilles.

IV

BONNE A TOUT FAIRE

La ligne Valence-Grenoble-Chambéry pointe franchement au nord-est. A travers de beaux vergers et de plantureux légumes, une caserne paraît, puis s'éloigne, avec la silhouette du mont Crussol. Collines et gares se suivent et se ressemblent. Je rejoins l'Isère, qui se noie dans le Rhône, en aval de la Roche-de-Glun, en amont de Saint-Péray, ayant exécuté son parcours de Savoie en Dauphiné, tantôt violente et inutile, tantôt canalisée et laborieuse. Calme et reposante, elle chemine céans, parmi les pâtures, les labours et les bois.

Romans fut *Romanum*, que les drapiers enrichirent, que cinq pestes dévastèrent. En 1349, y fut signé par Humbert l'acte qui nous donna le Dauphiné; en 1590, elle abritait le parlement, pourchassé, de Grenoble; en 1788, ses notables collaboraient aux actes de Vizille; en 1878, Gambetta y prononça son fameux discours. Je ne suis donc pas surpris d'apercevoir, devant la gare, une Marianne.

Après quoi, le massif du Vercors s'accuse derechef, par delà la rivière où tombent les corridors dont chacun a sa route. La campagne, mamelonnée gentiment, cache des ruisseaux sous des noisetiers, regarde tourner les moulins, amuse comme une bergerie. Sur l'abîme de la Cumane, qu'enjambe un viaduc, Saint-Marcellin montre ses maisons, ses terrasses, son clocher roman.

— Erreur, Monsieur, cette localité, renommée pour ses fromages, tient en une rue unique, pas gaie. Ce gros bâtiment est la sous-préfecture, sinon le tribunal. La seule curiosité serait l'abbaye de Saint-Antoine, mais elle est à onze kilomètres.

Je remercie l'obligeant compagnon. Nous stoppons à Vinay, d'où les pèlerinages montent à Notre-Dame de l'Osier. Chapelle, église, tour de l'Immaculée-Conception, y datent d'une cinquantaine d'années à peine. Combien la légende est jolie et peu xvii° siècle !...

De toute mémoire, les oseraies enveloppaient le hameau des Plantées, lorsque le 25 mars 1649, jour férié, un protestant, un hérétique, Port-Combet, bon pour le fagot, voulut faire le sien dans le taillis. O miracle, à la première branche coupée, l'arbuste gémit, saigne, et l'impie tombe sur les genoux. Sept ans plus tard, il se convertissait, après une visite personnelle de la Vierge, si bien que ses coreligionnaires, abjurant en masse, proclamèrent par un nouveau prodige l'impiété de leur vie et la grandeur de la papauté.

En douteriez-vous ?... On montre encore les racines de la plante sensible, et la Madone fut couronnée par Pie IX.

La rivière disparaît et reparaît. Elle devient plus libre, un peu plus haut, sous Tullins. De là, un voiturier me conduit à la Fure, village et rivière. Celle-ci nourrit celui-là, plutôt qu'une source minérale sans clientèle. Les usiniers ont embauché la bonne Naïade barbouillée.

Le cocher, que le tramway bientôt dépossédera, se venge de la traction mécanique sur une automobile en panne, incitée vainement par un couple pitoyable.

— Ils ont fait un kilomètre, dit-il, depuis trois heures. Je les ai vus à mon arrivée. Si j'osais, je les attellerais.

— Dame, c'est peut-être une idée.

Nous obliquons à la croix de deux chemins. Lâchant l'Isère pour la Morge, le val étroit s'anime à vue d'œil. Aux poteaux, chargé de fils, sont inscrits trois mots : « Danger de mort ». Les manufactures ont des fenêtres uniformes, de lourdes cheminées, des cours immenses. La maison patronale est châtelaine, avec parc. Je me croirais dans la vallée de Darnetal ou de Maromme, n'était la forme des monts.

La Notre-Dame de Bonnassieux, toute grêle, possède en vérité sept mètres de taille, sur son socle, qui en a seize. Au sommet de la Vouise, elle bénit les millionnaires de ses mains de cuivre, elle domine Voiron où j'entre par le Cours-Sénozan. Il semble que le vieil *Oppidum Romanum* ait abrité ses légions sous cette ombre, et que la « Bonne Mère » remplace quelque déesse d'Italie, indulgente et fine.

J'ai juste le temps de m'offrir une excursion sur le réseau inopiné des chemins de fer économiques du Nord, qui côtoie vergers et vignes en espaliers, montre et remontre la Vouise. Parfois, une maisonnette nous frôle, tapissée de glycines, tendrement fleurie en grappes violettes. Voiron s'étale, redescend, s'esquive, tandis que les cimes se dégagent.

En un vallon, nous desservons Saint-Gassien éloigné et Réaumont invisible. De multiples sources cascadent. Un brusque détour va chercher la Murette et la route. La Vouise s'évanouit finalement, tandis que je retrouve la Fure, mais mignonne et jeunette, au fond d'une corbeille de noisetiers et de chênes où nous joint le train du Grand-Lemps et de Vienne.

Le nôtre y flâne. Le conducteur, le mécanicien se vautrent dans l'herbe. A l'intérieur de la gare de la Ravignouse, un canut tisse, tisse, d'un bruit régulier. Ni toit, ni passant, rien que l'S de l'autre ligne.

A présent, la Fure voisine avec nous. Telle un écureuil prisonnier, ils l'obligent à mouvoir leurs roues à palettes : forges, papeteries, tissages. Puis les coteaux s'écartent devant Charavines-les-Bains.

— Encore des thermes, guérisseurs et connus des Romains ? Nullement, ce sont des bains naturels, sans vertu curative, de bons bains publics, en un lac de trois lieues de tour. Lyonnais et Grenoblois s'y cachent du high-life, en des auberges rustiques. En la nappe oblongue se mirent les peupliers, les roseaux et les saules.

Comme la Fure débitait capricieusement de 50 à 10.000 litres par seconde, on l'a réglementée de vannes. Des cabines vermoulues sont éparses, au bord des prés. Une affiche municipale prescrit certaines précautions. Une frontière d'herbes limite la partie balnéaire. Au delà un bachot silencieux, tout seul, flotte avec son pêcheur, comme suspendu.

A gauche, cette anse marécageuse fut une baie, où Versars remplace Ars-la-Maudite. Riche et impie, elle a été excommuniée par Alexandre III, saccagée par Frédéric Barberousse, anéantie par un tremblement de terre. Un petit breack s'en va, de ce côté, au village de Paladru.

A droite, monte une autre route, irriguée et boisée. Les

paysans logent sous le chaume, les coqs chantent clair, les bêtes familières caquettent, les fontaines chuchotent. Pendus à des crocs, mûrissent des fromages, en des garde-manger. Baliveaux, poutrelles, planches, sèchent en faisceaux. Un métier dénonce l'industrie tisserande. On me salue poliment. Ce pays usinier reste patriarcal.

Maintenant, je vois le fond du lac, Paladru, quatre barques plates, le cadre d'une région où l'on n'a encore découvert que des vestiges lacustres.

Irai-je à la Silve-Bénite?... L'abbé Thierry, bâtard de Barberousse, y édifia, en 1160, une chartreuse, qui fut reconstituée, sinon achevée, cinq siècles plus tard. Un garde-chasse l'habite, tel un lézard.

Irai-je à Bilieu avec ce chemin?... On y visite la « Pierre de « Beaudiner », où François Ier soupa, allant poursuivre en Milanais une inutile équipée. Le temps se gâte, un orage arrive de la Ravignouse, et je n'ai pas envie de ramasser les miettes du monarque.

Charavines ne semble pas aspirer à d'orgueilleux destins. L'église neuve et coquette, pierres et briques, grise et chair, porte une date et deux noms : « 1882, M. Perrichon étant curé, M. de « Montgolfier étant maire ». La grande famille des papetiers et des aéronautes règne toujours ici, et c'est chez elle que la jolie Fure, depuis un siècle, est « en condition ».

Mais la foudre se rapproche. La tour pentagonale de Clermont, qui fut trimurale, sert de cible aux hachures de l'ondée. J'embrasse d'un dernier regard le lac, toujours éclairé par le soleil, avec ses aigues blanches, ses aigues noires, ses collines et ses montagnettes.

Quand sera terminé le futur Hôtel Continental, j'irai encore manger vos truites sauce meunière, bons aubergistes de la Pagetière, point canailles ni compliqués, qui savez mieux faire monter les pampres que les additions!...

V

LE MIRACLE DE L'ALAMBIC

Toute la nuit, l'orage grondant sur Voiron, j'entendis la
Morge battre les fondations de l'hôtel, comme au terrible jour
de cet été 1897 où, une trombe s'étant abattue, elle s'enfla, rugit
et déferla. Vite, vite, les usines évacuées, les maisons vidées,
les gens se garèrent. Après quoi, le flot boueux, rué à travers
la ville, couvrit le Cours Sénozan.

Les experts ont évalué le dégât à 14.000.000 de francs. J'en vis
jadis les traces fraîches : le parvis emporté de l'église, les métiers roulés parmi les fanges, les ouvriers lamentables. Maintenant, à mon réveil, les sifflets appellent au labeur. Apaisée,
la Morge coule vers les turbines. Platanes et marronniers ont
acquis une nouvelle vigueur. Le ras de marée n'a pas même cre-
vassé l'horrible viaduc, ni le pont métallique, qui coupent la
superbe promenade.

Mitoyen, empli d'œuvres d'art, fier de sa *Phryné* de Pradier,
l'hôtel Daiguenoire peigne derechef son jardin comme un roman du XVIIIᵉ siècle. Le local voisin sert au « Cercle de l'In-
« dustrie ». Je n'ai plus devant moi, près de moi, qu'une agglomération industrielle de 12.000 âmes, où chacun reprit son
habitude, comme les paysans de Torre-del-Greco replantent sur
les scories du Vésuve.

Voiron, qu'une bulle de Pascal II ne put partager jadis entre
l'archevêque de Valence et l'évêque de Grenoble, que ses châ-
telains menèrent contre la volonté du pape et l'appétit des
comtes de Savoie, que le Dauphiné ne s'annexa qu'après s'être
donné lui-même à la France, Voiron est sorti de l'épreuve plus
vivant, plus personnel encore.

Pour le quitter, la ligne de Saint-Béron, collée au P.-L.-M., accomplit une boucle, passe par-dessus l'autre, puis gagne les hauteurs verdoyantes. Dominés par la vierge énorme, nous traversons de nouveau les vignes, à mesure que la ville se dessine davantage, autour de son église Saint-Bruno, gothique et décorative. Elle est du xiii° siècle?...

— Oui-da! Les deux clochers sont simplement en ciment comprimé.

A la Croix-Bayard, nous reprenons la route, qui nous mène au bourg de Saint-Étienne-de-Crossey. Elle entre dans les gorges du même nom, pas sauvages, émaillées de maigres arbrisseaux, sans une goutte d'eau. Nous débouchons sur la vallée de Saint-Joseph-de-Rivière, y longeons le massif, en admirons la Grande-Sure, atteignons Saint-Laurent-du-Pont.

La gare est dans une boutique, où on vend des souvenirs, des cartes postales, des échantillons de liqueurs. Les Chartreux ont doté la paroisse et l'hôpital. Ici commence l'œuvre de distillation et de sanctification.

Les cars-alpins sont attelés. Le long du Guiers, des rails, nous accompagnant, s'arrêtent à Fourvoirie, devant et dedans la fabrique monacale. Une consigne sévère la protège, depuis qu'un ex-frère défroqué créa une concurrence, et qu'il vous montre glorieusement ses 50.000 francs de papier timbré.

Pareillement, avant la Révolution, personne ne franchissait sans autorisation la brèche du Désert, et oncques les femmes n'y pénétraient.

Né en 1035, à Cologne, saint Bruno fut d'abord maître d'école à Reims. On lui offrit la mitre archiépiscopale, mais il s'enfuit. Il revint, pour entraîner six disciples vers le Dauphiné, à la recherche d'un ermitage. Saint Hugues le conduisit céans.

En 1085, la colonie formait un hameau, sous des huttes. Cinq ans après, Eudes, proclamé pape sous le nom d'Urbain II, se souvint de Bruno, et l'attira à Rome. Ainsi mourut, le 6 octobre 1101, dans la Ville Éternelle, celui dont le nom emplit aujourd'hui toute cette région et dont le sceau décore tant de bouteilles.

En 1132, l'ancien étant renversé, le monastère actuel fut fondé. Il brûla huit fois, dont en 1562, où l'incendièrent les bandes du baron des Adrets. En 1795, la République le sécularisa. La Restauration le restitua, en 1816, mais l'État en est demeuré le propriëtaire.

La Grande-Chartreuse.

(Photographie du Syndicat d'initiative de la Savoie.)

Fourvoirie était *forata via,* la route « forée » à même le rocher, que commença en 1510 dom Le Roux, trente-troisième
général. Trois ponts s'y superposent, dont deux aqueducs.
Le Guiers barré tombe en cascade. L'administration forestière conserve les sapinières énormes. Une usine de ciment
canalisa le torrent. Par bonheur, elle laisse intact le merveilleux chemin, qui se glisse sous la roche, puis monte à travers des
âpretés, des futaies, par plusieurs souterrains, par d'interminables côtes, par le Roc-de-l'Œillette, monolithe empanaché
d'arbres.

De l'arche en biais du pont Saint-Bruno, haute de cinquante
mètres, se détache l'ancien chemin muletier. Après la Croix-
Verte, bifurque la route de Saint-Pierre. La nôtre devint très
raide. J'entrevois des arêtes jurassiques et des prés inclinés.
Une faille inattendue tranche tout le massif. Un raccourci fut
négligé, utilisé seulement à la descente. Paraît enfin le Grand-
Som, avec son calvaire. Alors, à flanc de coteau, ceint de murailles, le couvent surgit, après le hangar où se remisent les vé-
hicules.

Nous sommes à la porte d'une des merveilles les plus célèbres
qu'ait dressées la foi de nos pères.

Dans ce site farouche et romanesque, elle fut terminée en 1688,
sous la direction de dom Le Masson. Au bord d'une source, en
la partie la plus farouche du « Désert », l'ancien ermitage
s'appelle aujourd'hui : Notre-Dame-de-Casalibus. Le nouveau,
quadrilatéral, semble quelque seigneurerie Louis XIV, avec
ses toits aigus en ardoises, et son porche de séminaire ou d'hospice.

O miracle de l'alambic, ceci vit de notre gourmandise, respecté des révolutionnaires, protégé par le fisc. Lors des
décrets, nul n'y vint. La loi sur les Associations l'épargnera-
t-elle?... Quarante Chartreux y vivent encore, sous la dure
règle, après avoir transporté leur bibliothèque en Suisse. Je
doute que tous l'y suivent, car l'armée des rats-de-cave leur
forme une garde d'honneur.

On a envoyé les dames hors l'enceinte, à la maison spéciale où des sœurs tiennent auberge. On a frappé l'huis du
marteau. On est entré. Aussitôt, l'ambiance vous saisit.

Dans la grande cour carrée dorment deux bassins ronds,

encadrés de plates-bandes géométriques et funéraires. Le jet
d'eau pleure. Au delà du perron, s'ouvre le corridor central, long
de 139 mètres, auquel aboutissent tous les autres. Un frère
nous reçoit.

— Le dîner est prêt, Messieurs.

Entrée du couvent.

— A merveille.

La soupe est maigre, les plats sont maigres, le dessert
est maigre, mais le vin est bon.

— On peut fumer ?...

— Dans le jardin.

Sous les étoiles, les petits sanglots monotones de la fontaine troublent à peine cette solitude, ceinte de bâtisses her-
métiques et de fenêtres aveugles, où nos pas se perdent et où
les sonneries de l'horloge tombent comme des pierres au fond
d'un trou

— Désirez-vous assister aux matines ?...

— Certes.

— Je vous préviendrai.

Ma cellule est à peine meublée d'un lit paillasseux, d'un prie-Dieu, d'une table de toilette. Je m'y assoupis. La cloche me réveille, avant minuit. Je me rends à la chapelle.

Petite, coupée en deux, elle est pleine de ténèbres. La lampe du tabernacle clignote, dans le chœur. En leurs stalles, les moines psalmodient lentement, munis de lanternes sourdes qui projettent parfois leur vague rayon sur une face parcheminée, qu'encadre le capuchon blanc.

L'obscurité du sanctuaire, le rythme de ces voix, tout contribue à ébranler mes nerfs, à confondre ma raison. Je me suis alors retiré, sur la pointe des pieds, avec le frisson de la mort entre les épaules.

Mon lit de camp était moins sec et moins lugubre, au camp du Parpaillon, sous la tente, que cette couchette dans l'immense maison de saint Bruno, au bord du jardin de silence, où la rumeur des vivants expire au seuil de l'oratoire, où l'office durait, durait toujours.

VI

RETOUR EN SAVOIE

Un clair soleil chasse les ombres et nous regarde par-dessus le mur. Je lui ouvre ma fenêtre. Sur les volets, des prédécesseurs ont crayonné des vers, des pensées, des niaiseries, voire des blasphèmes. On ne s'est pas même donné la peine d'y passer un coup d'éponge.

Claustré par sa volonté mieux encore que par les grilles, entre l'oraison et l'étude, le Chartreux ne parle même point à son semblable, hors le dimanche. Les hivers ensevelissent le couvent, les étés le font traverser par la cohue des touristes; il n'en perçoit que l'écho, il n'en voit rien, mais il a tout approfondi. Je suis retourné à la chapelle comme au seul soupirail qui plongeât dans le mystère.

Trois messes étaient célébrées, une au chœur, deux au bas de la nef. Sous les ornements sacerdotaux, les officiants laissaient passer la claire robe, servis par des frères ou par des prêtres de passage, prosternés, couchés, écrasés, tels des cadavres, au pied de l'autel. J'ai eu la sensation du faix pesant sur ces hommes, en ce lieu.

Une cloison séparant les pères des clercs, le chœur est occupé par les 52 stalles des premiers, la nef appartient aux seconds. Entre eux, le *Crucifiement,* don de la reine Amélie, couronne la boiserie sculptée. La lumière se joue sur les visages, absorbés par le dessein d'une purification obscure et systématique. A quoi bon les troubler de nos puérilités?... Il faut, sans parti pris, regarder, juger et songer.

Puis la visite se poursuit, à travers l' « allée des Cartes », tapissée des plans et vues de toutes les maisons de l'ordre. Salle de chapitre, l'histoire du fondateur tient en vingt-deux toiles, d'après Lesueur, et les portraits des généraux s'alignent chronologiquement. Le siège du « prieur des prieurs » est au pied d'un saint Bruno de trois mètres. Une moindre salle latérale a encore des portraits, dont celui du cardinal de Bourbon, rival de Henri IV. On montre en outre le cloître, la chapelle des Morts, et le cimetière.

Les détails d'architecture, épars un peu partout, ne valent pas l'ensemble du monastère, dont l'artère se termine par l'oratoire de Louis XIII, à petite coupole ovale. Les réfectoires sont vides, et le couvert est prêt sous la loggia du lecteur. J'en ai assez : ces murs n'ont plus rien à m'apprendre, sauf ce que je ne comprendrais pas. Je retraverse les longs couloirs, jette un dernier coup d'œil aux plates-bandes du jardin, franchis la lourde porte, et retombe aux breacks.

Irons-nous par Saint-Pierre-de-Chartreuse et Saint-Pierre-d'Entremont, puis par le col du Frou ou par le col du Frêne?... Plus modestes, nous nous sommes contentés de revenir à Saint-Laurent-du-Pont.

Les tunnels, vus à la descente, semblaient des entonnoirs. Le pic de l'Œillette s'encadrait joliment, entre la montagne et la ravine. Nous y croisâmes un vieillard blanc, marchant d'un pas égal, appuyé sur son bâton.

C'est le père directeur de Fourvoirie. Chaque jour, il chemine de l'usine au moustier. Les cochers, plus ou moins impies, le saluent très respectueusement. Il leur répond d'une inclinaison de son chef ridé et d'un signe de la croix.

— Lui parle-t-on? demandé-je en souriant.

— Seulement pour les besoins du service.

Vivant de légumes, buvant de l'eau, sans un sou à lui, n'ayant pas même un âne maigre pour monture, il se sent ici très puissant et très craint, car il représente à la fois le Dieu d'En-Haut et l'idole d'en-bas, le Seigneur et le Million, le Ciel et l'Enfer. Je me retourne un instant, à suivre sa silhouette falotte. Elle s'éloigne lentement, vers l'ermitage, tandis que nous nous évadons.

A Saint-Laurent-du-Pont, je retrouve le tramway sous sa grande porte, à travers la maison aux boutiques raccrocheuses, aux flacons où se débite l'élixir d'ambre et d'opale, aux images de piété et aux cartolines illustrées.

Dans la plaine, « entre deux Guiers », les gares suivante
sont : la première en Isère, la seconde en Savoie. D'Entre-deux-
Guiers, part la route du Frou, et des Échelles part celle de
Chambéry. Cette dernière coupait jadis la falaise formidable,
« l'affreux, l'affrou, « le Frou », par le tunnel de Charles-Emma-
nuel II.

Napoléon en fit creuser un de 308 mètres, que la reine Hor-
tense inaugura en 1813. Un an après, on le refermait devant l'in-
vasion. Il devint public, en 1820. Au-dessus sont deux grottes,
l'une où des stalactites étonnent, l'autre où l'on reconnaît
la griffe des Romains. Le tramvay, lui, tourne à gauche et
suit le Guiers.

Ensemble, ils s'enfoncent dans les gorges de Chailles. Là
encore, Napoléon, allant conquérir l'Italie, frappa le roc, et celui-ci lui livra passage, avec son artillerie et ses bagages. Le
nom du premier alpiniste du siècle, du grand voyer des Alpes,
que j'ai lu au Simplon, au Cenis, en Briançonnais, partout et
toujours, vient ici pour la dernière fois sous ma plume.

Ces gorges dépassent celles du Grossey, par leur profondeur.
Le torrent y actionne des turbines. Nous découvrons l'usine,
dans l'écartement du couloir. Sous nous, est une grande vallée et une petite gare.

Nous descendons, vite, vite. A la gare de Saint-Béron,
stoppe la ligne Lyon-Chambéry, et finit, près du nôtre, le tramway de Pont-de-Beauvoisin. Il y a en outre un château coquet.

Après lui, il y a enfin le lac d'Aiguebelette.

Contemplé du wagon, il est d'émeraude et triangulaire. Le
mont de l'Épine le domine, tout raide. Deux îlots y sont à l'ancre.
Le principal possède un oratoire à la Vierge, sur les restes d'un
temple païen. Sous le donjon du village, un aubergiste profite
de la nappe, longue d'une lieue, large d'une demie, perdue et
presque ignorée.

Cependant le chemin de fer sort d'un dernier tunnel, au bas
de la cascade de Couz, parmi les verdures et les sapinières du
vallon d'Hyère. Par des courbes, des rampes, des ponts,
un joli paysage d'aquarelle mène à Cognin et à la vallée de
la Leysse, large et marécageuse. Une boucle nous aiguille sur
la ligne d'Italie. A droite, j'ai Chambéry, et à gauche, j'ai le
mont du Chat, le lac du Bourget, la musique, la romance, le

Vue générale de Chambéry.
(Photographie du Syndicat d'initiative de la Savoie.)

baccara. Avant Chambéry, les consuls bâtirent Lemincum sur la tranchée grise qu'écorne la voie, et Lemenc y reste un faubourg avec un couvent de Carmélites, une Visitation, une antique église.

En bas, les comtes de Savoie édifièrent simplement leur château, agrandi au XIIIe siècle, délaissé au XVIe pour Turin. Le 12 février 1434, Amédée VIII y traita, contre Charles Ier, duc de Bourbon, avec Philippe le Bon, duc de Bourgogne. Les nôtres y furent sous François Ier, Henri IV, Louis XIII, Louis XIV, sous la Révolution et sous l'Empire. En 1742, les Espagnols s'en emparèrent. Le 20 janvier 1814, il fallut expulser les Autrichiens. Alors, c'était le chef-lieu du département du Mont-Blanc. L'annexion de 1860 en fit celui de la Savoie.

Pouvoir civil et pouvoir militaire, préfet et gouverneur cohabitent dans l'ancienne résidence royale. Ce pays, où notre langue règne seule, était inapte à s'administrer de par-dessus les Alpes. Ayant invoqué l'argument des races, la Maison de Savoie devait nous le rendre, comme l'oiseau de proie quitte son aire, lorsqu'il déploie ses ailes.

En ce moment, la foire met ses baraques au Champ de Mars. Des becs de gaz décapités se transforment en lampadaires électriques. A la terrasse d'un café, le père, la fille, le frère, au violon et au piano, jouent une valse allemande à des sous-officiers de cuirassiers. Les chefs, plus affinés, ont pris la fuite pour Aix-les-Bains.

VII

LES NIDS ABANDONNÉS

Chambéry me plaît tout de suite par sa fraîcheur et son vermouth rival du « Turin ». Les express de Genève y détachent des trains rabatteurs. Ainsi cette ligne, trouvée dans les tiroirs de Victor-Emmanuel, qui devait souder la Savoie au Piémont, nous rapproche maintenant de la Maurienne et de la Tarentaise. La gare vient d'être couverte d'un hall léger et clair, repeinte et remise à neuf. Des hôteliers suivent le mouvement. Décidément, notre venue n'a point ruiné cette bonne bourgeoisie, dont quelques membres ont suivi, au delà de la frontière, la monarchie exportée, mais dont la plupart oublie jusqu'au temps du « régime sarde ».

Vais-je en découvrir une plus nette empreinte sur la face des pierres ?...

Sans tarder, je traverse la Leysse. En amont, un ponceau culotté relie une curieuse maison de la rue Freizier, qu'un miracle d'équilibre tient en bascule sur le torrent. J'arrive à la place où se dresse le palais de justice, aussi monumental, aussi quelconque que son vis-à-vis, le musée-bibliothèque.

Feu Antoine Favre y est érigé en bronze, et en toge. La lèvre grosse sous la moustache forte, il est flanqué d'une femme accoudée sur un livre, d'une autre qui feuillette et professe. L'inscription renseigne sur l'homme, « premier président du « tribunal de Savoie, jurisconsulte éminent, écrivain profond, « homme d'État, 1567 à 1624 ». Bigre !...

Rue Juiverie, le Lycée National tapisse ses grilles de plantes et un arbre grimpe du perron au premier. Au delà, une grosse tour, grise et ronde, porte, au-dessus de l'enseigne d'un chai-

sier, une plaque annonçant que « cet édifice a été construit
« pour la citadelle de Chambéry, l'an 1442 ». Je bifurque et vais
à la promenade obligatoire, aux boulevards. La Fontaine des
Éléphants, portée par quatre pachydermes de bronze, porte à
son sommet le général de Boigne, qui légua à sa cité natale
toute une fortune gagnée aux Indes. Les quatre trompes suin-

La Leysse à Chambéry.

tent dans le bassin, en un coryza hydraulique et utilitaire. Non
loin, la Savoie, sous les traits d'une forte fille, embrasse le
drapeau tricolore. Un hôtel des postes est dans son neuf, et le
théâtre dans sa crasse.

J'atteins le grand escalier du château. Depuis 1899, s'y étrei-
gnent Joseph et Xavier de Maistre, tels Pelletier et Caven-
tou. Mais une fillette me conduit, par une porte basse, par
un escalier tournant, à la salle de l'académie provinciale, puis
à la Sainte-Chapelle.

Ce bijou ogival fut serti par Philippe de Juvara. Les gri-
sailles de Vicario trompent l'œil, si ingénieuses qu'il faut se
repérer, avant d'être convaincu que les piliers ne sont point
sculptés, que le plafond ne se décompose pas en caissons

à pendentifs, que ces voussures n'ont jamais existé. Devant l'autel, un tapis, tissé par la main des princesses, est foulé céans par les pieds des Anglais. Dans la sacristie, figure une copie du Saint-Suaire.

Transporté à Turin, le vrai faillit être anéanti par un incendie. Le prêtre me fait admirer la perfection de cette contre-façon. On distingue la silhouette du Christ, à travers la toile, mieux que dans l'original. Et les rayons Rœntgen n'existaient pas!...

La Dent de Nivolet, ornée d'une croix énorme, vingt fois foudroyée, est plus belle, vue du Grand Jardin morose, en terrasse, qui fut le promenoir privé. Je monte sur la plate-forme du donjon féodal. Tout Chambéry est sous moi.

La rue de Boigne, alignée d'arcades, retourne à la fontaine des Éléphants. Une petite locomotive traîne trois wagons poussiéreux. J'y grimpe.

Elle enfile la route d'Italie. Dans l'eau endiguée, les chasseurs alpins font la lessive. Nous bifurquons à la Trousse. Des manoirs pointus couronnent des mamelons gazonnés. Challes paraît.

L'avenue, plantée de marronniers, aboutit à un parc coquet, devant le Casino, au pied de la montagne Saint-Michel. Quelques chalets s'essaiment à l'entour. A celui de la source, on se soigne par l'eau ultrasulfureuse, bicarbonatée, iodurée, bromurée, sodique, etc. Je crois qu'on y guérit surtout la névrose par l'apaisement, car des vaches paissent, près d'un lotissement encore infécond.

Je lis l'*Avis très important*, collé aux poteaux électriques :
« Ne pas toucher le fil, s'il se rompt. L'écarter de la vic-
« time, au moyen d'un manche à balai isolateur. Prévenir l'u-
« sine, puis le médecin. Ce dernier traitera alors l'électrocuté
« comme un noyé. » Quand un paysan a lu ceci, suivi les prescriptions mot à mot, mis toute sa peine à comprendre et tout son scrupule à se conformer, je crains qu'il ne faille surtout aviser le croque-mort.

Mon tramway repart. En cinq kilomètres, je retrouve Chambéry. Tout à l'opposé, l'autre ligne dessert La Motte-Servolex.

Elle franchit le pont d'Hyère et épouse un chemin vicinal. A Bissy, la mairie avoisine un herbage, des champs et des ruisseaux, des haies et des peupliers. La Motte s'accote à une

butte, sur laquelle son église et son collège forment tableau,
derrière le mur du vaste potager.

— C'est l'ancien château?

— Non pas. Il faut passer devant les écoles et la mairie,

Les Charmettes.
(Photographie du Syndicat d'initiative de la Savoie.)

tourner et demander. M. Joseph Reinach accorde la permission.

— Merci, je préfère les Charmettes.

Pour la troisième fois, je rentre en ville. Longeant la caserne Curial, dont l'écusson porte le numéro du régiment, avec
quatre noms de victoires, j'atteins la caserne Saint-Ruth.
L'après-midi tire sur sa fin. Une brume légère tamise la
lumière. Je monte dans la campagne, sur la route du col de
Frêne.

Le site est vert de la tendresse des prés. En un coude, jase un ruisseau. Sous les fayards, parmi les acacias, il accompagne un chemin couvert, flanqué de grosses bornes.

— C'est la troisième maison à droite.

— On peut visiter?

— Elle est à vendre. La propriétaire, veuve d'un médecin, en réclame 150.000 francs, que la ville lui refuse. Elle compte sur un milord ou un boyard.

Pourvu qu'elle ne tombe pas sur un fanatique, qui démolisse tout!... Un cocher, stationné devant un pigeonnier sans fenêtre, me désigne un sentier, avec une porte, au pilier de laquelle se lit, noir sur émail : « Habitation de J.-J. Rousseau, Messieurs : 0.50 c. Militaires : 25 centimes ». Suis-je à la foire, chez la Belle Ardennaise?... Nenni! je suis au lieu inoubliable où le génie collabora avec la faiblesse, où le philosophe paya d'ingratitude la tendre hospitalité.

Combien modeste est cette bicoque, en moellons vulgaires, qu'un pied de glycines enlace encore, qu'un marbre fendillé estampille.

En 1792, Hérault de Séchelles, commissaire de la Convention nationale, y fit graver ce huitain de Mᵐᵉ d'Épinay :

> Réduit par Jean-Jacque habité,
> Tu me rappelles son génie,
> Sa solitude, sa fierté,
> Et ses malheurs, et sa folie.
> A la gloire, à la vérité,
> Il osa consacrer sa vie,
> Et fut toujours persécuté,
> Ou par lui-même, ou par l'envie.

Je parcours le rez-de-chaussée carrelé de rouge, la salle à manger nue, le salon pauvret. Ce clavecin frémissait sous les doigts fins de la créature mélancolique, sous ceux du jeune auteur du *Neveu de Rameau*. Ils s'assirent à cette table de jeu. Elle cherchait sa pensée dans ses yeux et sa main sur ses genoux. Néanmoins, le séjour fut peu honorable au Genevois, car il y vécut piteusement de quiétude indifférente et d'égoïsme pervers.

A l'étage, sa chambre est un réduit. Devant l'escalier, une alcôve contient l'autel où elle priait. J'entre, en compagnie d'un rustre et d'une paysanne, dans sa chambre, à elle.

Le lit reste bordé de la courte-pointe fanée. Un fauteuil reçut la lassitude de son corps. Le papier garde ses fleurettes bleues. Les vitres de la fenêtre sud ont claqué, et une branche pénètre dans le sanctuaire. J'en ouvre une autre, au nord.

Le vallon s'en va vers Chambéry invisible. A mes pieds, est le jardinet où il arrosait ses fleurs et où elle élevait ses abeilles. La nuit tombe, le ruisseau chuchote sous les grands hêtres, un dernier rayon enveloppe la Dent de Nivolet, des lumières pointent, je respire et je comprends.

Je me l'imagine gracieuse, déjà épanouie, avec une fraîcheur des lèvres roses. Lui, mince et pâle, rêvait à l'égalité, aux droits de l'Homme, aux semailles d'audace. Elle l'aimait, tout simplement. Combien de fois, par un soir semblable, à cette même place, mendia-t-elle un sourire?...

Puis voici venir Hérault de Séchelles, en chapeau cocardé, la ceinture tricolore, ses huit vers de huit pieds sous le bras.

Mais c'est à Mme de Warens que je songe toujours, rien qu'à elle, parce qu'elle fut bonne, faible, trompée et douloureuse.

Soudain sonne une cloche d'église. Aussitôt un clairon jette ses notes vives. Là-bas, l'humanité grandit et vibre, très vaillante, sans s'occuper des femmes qui pleurent et des jouvenceaux qui conspirent.

VIII

L'AUTRE EX-CAPITALE

Cette lubie m'a pris, comme un coup de tête : revoir l'Italie. Elle est à deux pas d'ici, où il pleut à verse. Je me trouve en gare, en même temps que le train-poste. Il est minuit et demi. Ce matin, je serai dans l'autre ex-capitale, Torino, abandonné pour Florence et Rome, comme pour lui fut délaissé Chambéry.

Le ciel a lâché ses écluses. Dans les ténèbres, nous remóntons l'Isère, puis l'Arc, emportant les voyageurs endormis, endoloris, anéantis. Deux wagons de troisième sont bourrés de Piémontais en loques, avec des tas de paquets, de toiles à matelas, de marmots morveux. Peu de monde en seconde. Les premières sont presque vides.

Nous roulons, sous un panache de fumée qu'empourpre parfois le reflet de la chaudière. Une vague lueur esquisse le paysage, les maisons qui sont toutes noires, les montagnes qui semblent toutes basses. Le torrent s'enfle à crever ses digues.

A Saint-Jean-de-Maurienne, nous sommes en retard d'une demi-heure, sans bien savoir pourquoi.

A la Praz, la pluie a cessé. J'entends les cascades. Des lumières électriques sont semées, de-ci, de-là. Puis c'est une vaste usine, aux ouvertures symétriques, éclairées à giorno.

Voici maintenant une caserne, sur qui la locomotive projette ses reflets. En sa guérite, devant la porte close, l'homme de garde semble dormir dans son manteau. J'arrive à Modane, gare internationale, buffet et douane, où les Italiens prennent leur compensation de la présence des gabelous français à Vintimiglia. Tout le monde descend.

On nous trie. Les pauvres gens, maintenus derrière une barrière, seront visités ultérieurement, ne devant partir que plus tard. Nous passons de suite, car le temps presse. Ma montre, avancée de cinquante-six minutes, concordera avec le cadran local.

— Je n'ai rien de soumis aux droits.

On nous attroupe, devant une baie vitrée, mais verrouillée, tandis que les malles sont explorées **pour le compte de Victor-Emmanuel III. Le train P.-L.-M.** se retire. Celui du réseau méditerranéen le remplace. Enfin on nous ouvre, nous enfourne, nous emporte.

La rampe en boucle grimpe, le long du Rieux-Roux, vers la bouche d'ombre. Elle nous absorbe, portières fermées, car la fumée s'accumule dans le long souterrain. L'aube, qui hésitait en Savoie, éclate en Piémont.

Je me penche, sur le quai de Bardonnèche. Admirable surprise!... Dans le ciel bleu tendre, les Alpes dressent leurs épaules virginales. La pluie, métamorphosée en neige, les a poudrées toutes. Je ne l'avais jamais vue si belle, là-haut, dans le même site, traversé trop en été ou trop en hiver [1].

La Doire savonneuse l'anime. Je distingue les forts braqués vers Briançon. L'automne a touché les futaies, au-dessus des prés reverdis, et les ors se mêlent aux bronzes, et les ruisseaux débitent du cristal. Un premier rayon rosit une plus haute cime, qui devient exquise : le mont Cenis se montre ainsi, par la vallée de Suse, si emmitouflé qu'on le discerne entre les autres.

Hélas ! nous ne regagnons pas de terrain, car la pente oblige à serrer les freins. L'abîme se découpe en propriétés rurales, autour des villages. A Bossoleno, il n'y a plus de doute.

— Aurai-je l'express de Milan? demande quelqu'un.

— J'en doute, répond l'employé.

— Aurai-je celui de Gênes?

— Sûrement non.

Depuis quatre jours, les champs sont inondés, la voie est envahie, les communications se compliquent. Un train demeura en panne, une nuit entière, sous l'orage, à trois kilomètres de San-Ambrogio. Les flaques s'écoulent à peine dans le ballast et les herbages ,en ont jusqu'aux genoux cagneux des saules. Avigliana reste isolée et quasi noyée.

---

1. Du même auteur : *Au Pays Latin.*

Prudemment, le convoi se risque, lorsqu'il faudrait filer à grande vitesse. Nous sortons de la ravine, et nous lançons dans la vaste plaine, du pied d'un roc que coiffe un castel, relique ou ruine. Maintenant, les Alpes se dégagent.

Qu'elles sont majestueuses!... D'un bout à l'autre de l'horizon, en arc de cercle, la chaîne se dentelle, immaculée, éblouissante. La pyramide du Viso fait pendant à celle du Cenis. Pas un nuage ne monte encore, du fond des vallées. Est-ce une consolation?...

A Turin, plus d'express pour Milan, ni pour Gênes, ni pour nulle part. J'entends maugréer, pendant que le courrier de France tombe en souffrance, sur le trottoir. Pourtant la ville semble n'avoir pas trop souffert.

Les tramways électriques circulent, tantôt avec la perche, tantôt avec l'archet. A gauche, au bout du large boulevard rectiligne, tout au faîte d'une colonne, se cambre Victor-Emmanuel, énorme et nu-tête, tenant son casque d'une main et son sabre de l'autre, foulant un tapis qui peut être une carte, à la fois trop huché, trop poilu, trop trapu, trop penché. A droite, les pylônes du pont suspendu se profilent, à l'autre extrémité de l'avenue. Vais-je entrer en ville par les rues à angles droits, propres et monotones, dont le damier fatigue vite?...

Un tram me porte au pont Isabelle, le premier en amont, celui par où arrive la desserte des monts. Des guinguettes y avoisinent les bureaux d'octroi, sur les deux rives. Le Pô emplit son lit jusqu'à la margelle.

Sa colère augmente, d'heure en heure, à vue d'œil. A Moncalieri, où le château royal est rouge comme une écrevisse, la crue fauve prend les proportions d'un désastre. Elle grimpe à l'assaut du railway de Gênes, dont le remblai forme obstacle. On va cueillir en barques les gens dans leurs logis immergés.

Ici, l'inondation respecte encore les pentes vertes du Valentino, à sénestre, et les potagers du faubourg, à dextre. Là-bas, parmi les verdures, s'échelonnent des villas coquettes, sur le coteau lavé et superbe. Le mont des Capucins paraît tranquille, avec son couvent au petit dôme rond. La cité entière se sent protégée.

J'y reviens par le parc où, en 1898, l'exposition jeta ses palais de plâtre, pas comparables à ceux de 1900.

On a enclos la fontaine monumentale, dont les statues écaillées attendent une exhibition internationale d'Art décoratif, modern-style. La carcasse des futurs locaux, déjà érigée, sera bientôt recouverte de stucs tarabiscopés en arabesques plus ou moins extravagantes. Je préfère la promenade au naturel.

Justement passe une poignée de soldats. En costume de toile maculée, ils sont à peine une centaine, précédés d'un officier monté, accompagnés cérémonieusement de la musique. Elle entame un air de danse, vulgaire, forain, pas du tout militaire. Néanmoins, quelques gamins, une vieille femme, deux ouvriers emboîtent le pas. Tous gravissent un talus, puis s'éloignent.

Je descends au « borgo medioevale », moyenâgeux bric-à-brac, débris d'une troisième exposition.

Le pont-levis franchi, je tombe dans un fouillis de bicoques à fresques, à arcades, à fenêtres-guillottines. Vieux-Paris, Vieux-Rouen, Vieux-Bruxelles, Vieux-Turin, c'est toujours la même chose. La municipalité loue les échopes à des gagne-petit quelconques. Il y a une auberge devant l'église Saint-Georges. L'entrée du donjon coûte un demi-franc, et le gardien se morfond.

Plus loin, la société Caprera possède son garage de canots. Plus haut, est une « école cycliste ». Je remonte vers le Château Renaissance, peint jaune d'œuf.

Le Valentino sera encore plus coquet, lorsque se bâtira son avenue longitudinale. Près des petits hôtels élégants, demeurent trop de terrains vagues. Dans l'un d'eux, des balançoires hygiéniques me rappellent la zone des fortifications.

En ville, me croisent les officiers de toute arme, aux galons écarlates, oranges, résédas. Chacun jouit de cette journée magnifique, tandis que le Pô attaque les piles des ponts. Mais je ne suis pas venu recommencer mes excursions au « Pays Latin ».

L'express chauffe. A la gare, se renouvellent les récriminations de tantôt. La malle de France n'est pas davantage arrivée, et celle de Rome part encore sans elle.

Dans le wagon-restaurant, s'attardent les consommateurs. A Modane, les douaniers français apportent au moins quelque diligence, dans leurs investigations. Était-ce la peine de franchir le Petit-Saint-Bernard, quand j'eus pu tout de suite rentrer du lac Majeur par Torino?... Oui, certes. Les Alpes sont toujours belles, vues de près, vues de loin, vues de face ou de profil, vues de partout.

Le soir tombe et la lune se lève. L'Arc est devenue sage. Les gares repassent : Saint-Jean-de-Maurienne, Saint-Pierre-d'Albigny, Montmélian, Chambéry.

Je roule vers le nord. Une rampe escalade un petit col, entre le coteau de Tresserve et le Revard, par une série de ralentissements. La voie nouvelle passe à flanc de coteau, dans le roc. Nous descendons vers Aix-les-Bains, dont les hôtels énormes, les châteaux de croupiers, les villas somptueuses, dénoncent la perpétuelle gaité.

Ce soir, au Cercle, à la Villa des Fleurs, les bosquets, les arbres centenaires, les corbeilles multicolores deviendront un kaléidoscope de girandoles, tandis que les orchestres alanguiront les spectateurs, que des gagistes cachés sonneront du cor de chasse, et que les fusées d'artifice s'envoleront jusqu'aux étoiles.

IX

PERMISSION DU ROI

Aix-les-Bains est la fête des yeux, des sens, des vices, qui dure cinq ou six mois. Si Victor-Emmanuel, si la reine, dont les portraits en pied décorent le vestibule du Grand-Cercle, y revenaient céans, reconnaîtraient-ils le petit bourg de leur jeunesse? — Pas plus que s'ils revoyaient Nizza-Maritima.

Place du Revard, les voitures partent des kiosques pour le Col-du-Chat, la Chambotte, le pont de l'Abîme, excursions à prix fixe, parmi lesquelles figure même la Grande-Chartreuse. Le « Syndicat d'Initiative » concentre son activité sur ce terroir excellent. On y peut opter entre la santé, le plaisir, et l'alpinisme. Pour la première, il y a les Thermes; le second se prend dans les casinos; le troisième fait vivre une vingtaine de loueurs.

— Monsieur, une voiture pour Grésy, Marlioz, ou le Grand-Port?...

Je te reconnais, mon garçon : tu fus à Nice, cet hiver, ou à Cannes, ou à Menton, et tu y retourneras.

Partant pour Grand-Port, bondé, le tramway suffit à mon bonheur. Le lac surtout attire ma flânerie. Chanté par Rousseau, chanté par Lamartine, il m'apparaît, au bout de la belle avenue qui traverse tour à tour le Sierroz et le railway. Une petite jetée, un petit phare, deux anciens bateaux à roues, y convient à la promenade.

De l'embouchure de la Leysse à l'ouverture du canal de Savières, du sud au nord, il a quatre lieues de longueur, cinq kilomètres de large, cent mètres de profondeur. La rive ouest constitue un escarpement continu, presque rectiligne. La rive est,

au contraire, se varie, se creuse, s'incurve. La romance commence
en alluvion et finit en marécage.

Ce fut au Bourget, bourg de 1.345 âmes, que Thomas II bâtit,
en 1248, le château où naquit Amédée V le Grand. Jusqu'au
XVIe siècle, les comtes l'affectionnèrent. Après l'avoir remanié

Abbaye de Hautecombe.

sous la Renaissance, il en reste l'église, un pan du cloître, quelques ruines.

Ce fut au Châtillon, dans le château, que vinrent au monde le
pape Célestin IV et *le Lac* de Lamartine.

Pour le moment, les vaguelettes baisent d'une caresse régulière la berge verdoyante.

En amont, le coteau de Tresserve, le bois Lamartine, la Maison du Diable, les deux observatoires se groupent, par delà le
bas promontoire du Petit-Port, dont les peupliers reflétés laissent
voir l'eau à travers leurs silhouettes.

En aval, s'ouvre une anse marécageuse, où pourrissent des roseaux, où se rouille un steam-boat, tel une grosse bête à grosses
pattes. Puis Bonson-Saint-Innocent avance ses logis et ses vignes. Enfin se dresse la Chambotte, avec ses deux routes grim-
pantes, qui montent l'une vers l'autre.

Les bateaux, *Parisien* et *Touriste*, côte à côte, se disputent le client. Je choisis le premier, qui se dirige aussitôt vers Hautecombe, par une diagonale, laissant le concurrent piquer droit au hameau de Bourdeau, doté d'un château du xie siècle, sous la Dent du Chat, au pied de la « route de France », laquelle se hisse au col.

Nous filons d'une marche régulière. Aix sort péniblement de sa plaine basse, à mesure que nous nous en éloignons. Dans la crique de Saint-Innocent, je distingue la courbe étroite du chemin de fer, avec son remblai jaunâtre, aboutissant au premier tunnel crénelé et flanqué de deux tourelles décoratives. Puis Châtillon se précise, dans la coupure du Rhône, sous le Colombier. En un repli de verdure, domine la haute abbaye cistercienne, créée pour le paysage plutôt que pour la mortification.

Suis-je retombé sous le sceptre de la Maison de Savoie?...

Une pancarte dit textuellement :

« L'accès du port de Hautecombe est réservé à la Compagnie « des Bateaux parisiens et interdit à tout autre bateau affecté à « un service public, en vertu de la concession de S. M. Hum- « bert Ier, roi d'Italie. »

— Elle expire, m'annonce obligeamment un voisin, et ne sera pas renouvelée.

Je monte, par une charmille, vers l'immeuble extra-territoria-lisé, fondé de 1125 à 1135 par saint Bernard et Amédée III, substitué à l'ermitage que saint Bernard avait fondé sous la Chambotte.

Il faillit tomber sous les coups des sans-culottes. La Révolution l'avait affermé à une faïencerie. Waterloo le restitua aux propriétaires, qui l'ont restauré, de 1824 à 1843. Charles-Félix y avisait à son salut éternel, quand lui vint la nouvelle des émeutes de 1830. A peine eut-il le temps de courir à Turin signer une constitution. La nôtre respecte encore celle de ce monastère, protégé par codicille au traité de 1860.

— Alors, fis-je au bernardin, la loi des congrégations ne vous atteint pas?

— Pas le moins du monde. Le roi envoya même son chapelain nous rassurer. D'ailleurs, les vingt moines, amenés en 1864 par Victor-Emmanuel, furent successivement remplacés par des Français.

L'église ouverte, ses trois nefs ornementées semblent emprunter une lumière plus blanche aux trois cents statues, afin d'envelopper les cénotaphes.

Charles-Félix veille au seuil. Un bloc de Carrare, travaillé par Albertoni, montre Marie-Christine protégeant un petit peintre et un petit mendiant. Le prêtre souligne chaque cercueil, cite notamment celui de « la belle-mère de saint Louis ». Je note le mausolée d'Umberto III, trois fois marié, béatifié par Grégoire XVI. Ça valait bien ça!...

Histoire étrange de cette dynastie!... Affiliée aux plus orgueilleuses, elle fournit des épouses aux voisins, des saints à la chrétienté, un roi aux Romains. Le fils de celui qui tomba sous les coups de Bresci regrettera peut-être un jour la calme retraite de ses aïeux. S'il y conduit sa belle reine monténégrine, aux cheveux d'ébène, descendante des pâtres de la Montagne Noire, on leur restituera la partie laïque, et ils y reverront les appartements où dormit le fondateur de l'Unité italienne.

Un simple frère ratiocine sur la simplicité des lits d'acajou, des meubles vieillots, des tapisseries ménagères.

— Si vous dépensez tout votre argent, dit-il textuellement, vous mourrez dans la misère.

Le salon contient des portraits, comme chez M. Dupont ou chez M. Durand. Les fresques pauvres ont l'air en papier peint. Mais, par l'encadrement de la fenêtre, j'embrasse la douceur du lac, la mélancolie des montagnes, l'admirable coulée que terminent les neiges, tandis que mes compagnons s'extasient devant un drapeau brodé par une main royale.

— Pour voir la grotte de Lamartine, il faut louer un batelier.

Merci. En face du couvent, une source s'égoutte dans une vasque. Un verre y repose, sur son assiette. J'y bois et redescends, le long de la charmille.

Les cloches se mettent en branle. D'un cargo-boat débarque un évêque. Le père prieur, les pères, les frères lais vont à sa rencontre. Des femmes s'agenouillent. Le prélat monte lentement, en distribuant des bénédictions, vers cet asile de paix et de mort.

Le vent fraîchit. L'autre vapeur arrive du Bourget. Il siffle, et le nôtre siffle aussi, et le son se répercute dans le calme du soir.

Au Grand-Port, les omnibus alignés sont pris d'assaut. A

gauche, le bassin de l'école de natation montre plusieurs têtes
amusantes. Des Napolitains, en bonnet rouge, jouent et chantent,
à la terrasse du restaurant où les nappes sont mises pour les
soupers champêtres.

O dolce Napoli.
O suol beato!...

La Santa Lucia protégerait-elle la « barchetta » où je voudrais
m'endormir, sur le lac lamartinien?

— Voulez-vous visiter le Cyclosolaire? m'offre-t-on devant
une baraque ronde.

— Mais je vous reconnais, vous aussi!... Vous êtes, l'hiver, à
la Turbie. C'est votre objectif que vous braquez sur la princi-
pauté de Monaco?

— Précisément, Monsieur. J'ai un frère au mont Saint-Michel.
Nous montrons la nature, avec les gens, les choses, en pleine
vie. Tenez, profitez-en. Voici l'express de Modane, qui longe le
lac et se promène sur ma table d'observation.

X

LA SUPRÊME VISION

Secret des fortunes, à moins qu'il ne prépare les grosses faillites, le jeu est l'âme de la station heureuse, où deux millions de cagnottes sont nécessaires, avant d'empocher un louis de bénéfice net.

Les cochers, comme les commerçants, comme les croupiers, comme les logeurs, font double saison en un an. Leurs chevaux, si les animaux parlaient, nous conteraient la dernière culotte prise au Cercle par le client de la veille, ou encore le nombre de fois où il passa à la roulette de Monte-Carlo. Paisibles, ils ruminent, entre leurs brancards, jusqu'au coup de fouet.

Le soleil chauffe moins fort, la clientèle s'ennuie avec des allures bruyantes, la nourriture n'est pas toujours aussi bonne qu'en plein été, mais tous les gens ne sont pas obligés d'y choisir la semaine des courses ou celle de la bataille des fleurs. Le printemps et l'automne y ont aussi leur douceur.

Le Revard masque le soleil levant, que tamiseront ensuite les platanes. Je m'égare, par l'avenue de Marlioz. A cette heure, j'y devrais croiser les malades. Hélas!...

Trois sources, aux noms d'Esculape, d'Adelaïde, de Bonjean, très sulfureuses, dignes des Eaux-Bonnes ou de Cauterets, ont provoqué la création d'un établissement, derrière une grille, en un vaste parc de trente-trois hectares, bois et pelouses. Néanmoins, dévoré par sa voisine, Marlioz serait déserté tout à fait, sans le vélodrome, sans l'hippodrome, malgré sa quiétude au pied des collines où s'étalent les hôtels insolents et monumentaux.

C'est sur l'hippodrome que se donnent les meilleures fêtes sportives et mondaines : courses en trois séries, bataille de fleurs. Cette dernière coïncide avec la semaine du 15 août. L'instar de la Riviera s'y manifeste médiocrement. Malgré la richesse des équipages, les paniers de roses et les hottes de cyclamens, cette journée périclite, en un vaste herbage aux barrières blanches, bien que l'argent emplisse le gousset des fêtards systématiques.

Baccara!... Baccara!... Est-il bon de « tirer à cinq? Je l'i-

Le Revard.

gnore. Mais je vois les « garnis » où descendirent feue Victoria, Wilhelmine de Hollande, et où le roi de Grèce s'amuse comme un Turc.

Avant de quitter l'Alpe, tentante ou terrible, hospitalière ou homicide, Aix permet enfin de la contempler une dernière fois, dans sa grandeur.

Le Revard, falaise peu plaisante, est devenu un belvédère. Naturellement, les Suisses, comme au Salève, se chargèrent de la transformation. Quand ils eurent tout acquis là-haut, ils commandèrent à Winterthur leur voie, leur crémaillère, leurs machines (modèle Righi), et prièrent M. de Freycinet de consacrer l'entreprise.

De la gare, dans le parc, nous grimpons tout de suite, par une brusque courbe, sous le boulevard de la Roche du Roi, et longeons le Gachet, parmi les herbages, les champs, les châtaigneraies de Mouxy.

Ce plateau accessible est tracé de routes, avec deux villages. Celui de Pugny dessert les Corbières, station d'altitude. Au milieu des vignes, par le viaduc des Fontanettes, l'ascension se précise, de gauche à droite, à même la muraille, qui se varie en accidents imprévus : gorges, sapinières, rochers surplombants, choses invisibles du bas.

Le lac forme une grande tache perverse, Aix se dessine, le mont du Chat se dégage, la vallée d'Albens emmène vers Rumilly le chemin de fer d'Annecy.

Durant cinq minutes, devant une prise d'eau, en balcon, nous haletons à la halte du Pré-Japert. La paroi s'est encore rapprochée. Un tunnel tourne et monte, qui nous reporte de gauche à droite. La locomotive s'essouffle dedans. Aussitôt, nous sommes dans le bois, grimpant vers la Cluse, où la petite combe de la Peysse nous livre passage. Ouf! ça y est.

Les rails courent désormais sur une plaine verte. A l'est, se détachent les Bauges. Dans le sud, les Alpes dauphinoises et celles de Maurienne ferment l'horizon. Le Jura dresse au nord son mur, par delà le Rhône, où le Colombier marque la borne du Bugey. Devant moi, dans l'ouest, les rayons d'un beau crépuscule allument des rougeurs. Le mont Blanc se montre enfin, tout entier, éternellement pur.

Je le reconnais, par-dessus la houle des cimes intermédiaires. Ses neiges semblent de nickel, sinon d'argent. Des plaques miroitent au caprice des glaciers. Nous devons le prendre en enfilade, par les épaulements de la Tête Carrée et du Dôme du Goûter. Un même étonnement absorbe tous les spectateurs.

— Alors, c'est lui, Monsieur?...

— Certainement, Madame.

Le train arrive ainsi sous une construction, chalet-restaurant, qui en précède une autre, chalet-hôtel. Un baraquement octogonal, coiffé d'une plate-forme, sert de classique « observatoire ». J'y vais, parce que tel est l'usage, sans d'ailleurs éprouver le besoin de consulter la table d'orientation, ni de braquer une jumelle sur mon nez, ni même de recourir au téles-

Vue générale d'Aix-les-Bains.

cope, car je citerais les sommets, car je dénombrerais les massifs. J'ai bien ma carte dans la tête, à présent. Il me suffit d'ouvrir les yeux, pour retrouver les merveilles parmi lesquelles s'écoulèrent ces vacances.

Il me suffira de les fermer, pour revivre tout le voyage.

M'ayant pris à Aix, il m'y a ramené, après les choses inoubliables. Voir, voir encore, voir toujours, tel est le rêve!... Demain, je serai ailleurs, très loin, parmi les rapaces et les indifférents. Je plane encore ici, au-dessus d'eux, au milieu de la nature vierge, dans les airs.

Retournant vers l'abîme, je m'accoude à la balustrade qui domine Aix-les-Bains, le lac, le Mont-du-Chat abaissé, la longue coulée savoyarde qui fut sarde et qui est nôtre.

Est-ce qu'un train monte?... Nenni. Ce sont les nuages. Je les vois se former, puis s'élever dans le ciel, où les pousse la brise. Fuyez, ô brumes légères, comme fuiront les boutiquiers, les automédons, les croupiers et les pontes, vers le midi de la roulette et des veglione!...

Moi, je remonte au contraire vers le Jura, les pluies, les frimas, vers Paris qui grelottera et pataugera bientôt, dans son atmosphère faite de quatre millions d'haleines et de quatre cent mille cheminées.

Nous avons le Salève, le Môle, le Semnoz, le Vercors, et le Grand-Revard à offrir aux poumons inquiets, tandis que les étrangers nous attirent et nous rançonnent à l'aise, mais il faudrait les y aider un peu. Figurez-vous que l'hôtel, offrant de payer, n'a pu même obtenir ici la poste ni le télégraphe.

Le Pelvoux et le mont Blanc sont d'une netteté impressionnante, en cet azur automnal où monte le son des clochettes pastorales et où siffle le petit railway.

Je finirais par oublier l'établissement thermal, les porteurs de cacolets blancs et roses, le prétexte thérapeutique dont se déguise cette opulence.

Têtes couronnées, têtes folles, boulevardiers et jolies filles, musique du matin au soir, Aix-les-Bains est un mirage, un sourire, un éden, une attirance, et un gouffre.

ÉPILOGUE

La course est terminée, la course heureuse et buissonnière, parfois fatigante, jamais monotone, de Savoie en Savoie, d'Aix à Aix, par le Valais, le Piémont, Tarentaise et Maurienne, Briançonnais et Embrunais, Provence et Dauphiné, bien longue, quoique facilitée par l'ingéniosité des voituriers et des funicularistes.

Les grognons estiment que la sauvagerie des sites en souffre.

Je leur répondrai qu'on n'a pourtant pas construit ces voies à l'usage des seuls chemineaux, et qu'il est convenable d'en faire profiter les gens honnêtes.

Ils ont toujours la ressource d'opter en faveur du sentier muletier ou piéton, qui racle les souliers de ses pierres aiguës, reçoit les rayons dardants du soleil, offre la chance de se casser les reins, tandis que les uns prennent pour flâner les chemins qui serpentent, et que d'autres s'emploient à multiplier les kilomètres.

Ma curiosité est-elle épuisée ?... — Non pas, mais il faut m'en aller tout de même, car me voici redescendu, et je grelotte maintenant, et j'éprouve les premiers frimas. Cette nuit, il doit neiger là-haut, sur les gazons où s'attardent de moins en moins les troupeaux. Brou !...

Je songe aux bergers de Camargue, qui redescendirent les longues vallées de la Durance, du Verdon, de l'Ubaye, poussant devant eux les bêtes tondues.

Je songe aux soldats de France ou d'Italie, que je vis au Petit-Saint-Bernard et au Parpaillon, s'inviter et se surveiller, désormais en route vers leurs quartiers d'hiver, sac au dos.

Je songe indulgemment aux cochers d'Aix, aux musiciens d'Uriage ou de Brides, à tout ce monde plus ou moins intéressant, qui émigrera demain, comme les brebis et comme les **militai-res**.

Je voudrais être allé en tramway électrique, de Barcelonnette à Borgo-San-Dalmazzo, de Guillestre à Pignerol, de Briançon à Oulx, comme on passera bientôt de Chamonix à Martigny.

Il serait au moins nécessaire, faute de mieux, que nous réunissions seulement la Côte d'Azur à la Maurienne, en créant quelque chose par Allos, Barcelonnette et le col de Vars.

De cette façon, lorsque viendrait le printemps, ainsi que remontent les hirondelles, se dirigeraient vers le nord les familles lasses du tennis, du golf-club, de la danse et de la mascarade.

Combien attendent la fin du tunnel de la Colle Saint-Michel, avant d'alterner la Provence par le Dauphiné ou la Savoie, alors que le col de Tende, percé, détourne déjà de nos montagnes le flot des transhumants.

Le colimaçon, lorsqu'il transporte sa maison, ressent moins de fatigue à passer d'un sillon dans l'autre, que nous du Pays Bleu au Pays Alpin. Les touristes préfèrent le chemin de fer à la patache, le funiculaire au mulet, et les voituriers vous écorchent terriblement. Demandez plutôt à celui qui, m'ayant réclamé soixante francs pour une course de Briançon à Château-Queyras, m'empêcha d'utiliser le col d'Izoard.

J'y retournerai, lorsque la ligne du Simplon enlèvera tout charme à la merveilleuse étape où je saluai les misses roses de Berisal et où je m'ébahis aux gorges de Gondo, initiation au rêve où la baie de Pallanza mit une suprême apothéose.

Oh! la brise sur le lac d'azur tendre!... Les îles Borromées sont trois corbeilles. Un batelier rame vers les jardins rococos, les jardins suspendus. Le maçon terminera-t-il jamais le palais de pierres grises et de marbre blanc?...

Puis je ferme les paupières. C'est le mont Blanc, fauteuil où dormirait un géant, la tête dans le ciel. C'est le mont Cervin, pyramide tronquée, paradoxe aux reflets de silex, tentation si souvent meurtrière. C'est l'échine de l'Europe, épine dorsale aux vertèbres vertigineux, dont chaque nœud est une bosse formidable. L'oublierai-je, tout à l'heure, devant Montmartre, Montrouge, les Buttes-Chaumont et le mont Valérien?... Non, mais le train reprend, dans les ténèbres, le couloir de l'Albarine, vers Ambérieu.

Adieu aux glaciers, aux alpages, aux crevasses qu'arrosent les torrents, aux cascades que dérivent les usiniers, à ces Alpes de grandeur et de poésie.

Adieu aux lacs rivaux : le Bourget, Annecy, lago Maggiore, Paladru, Aiguebelette, et aussi à ceux, tout petits, qu'on découvre au faîte des cols, blottis dans la prairie.

Adieu à la fenêtre large ouverte sur la Méditerranée, sur les villes de plaisir et de romance, depuis la rampe de Gattières jusqu'à la terrasse illuminée de Grasse-les-Parfums.

Adieu enfin à vous, moines inclinés vers le missel, vieux prieur du Petit-Saint-Bernard, prêtres de la Salette, Chartreux du Grand-Som, bernardins surveillant les tombeaux de Hautecombe.

Les casinos fermés vont remballer, sous les flocons d'octobre, leurs tables de petits chevaux et de baccara. Laissez-moi me souvenir, avant de fermer ces pages écrites au hasard de la route, inégales mais sincères, où fut fixé le meilleur de mes visions !...

Mon express court vers Dijon, par Saint-Amour. Combien emporte-t-il de croupiers enrichis, de cabotins satisfaits, de badauds décavés ?... Paris va tout recevoir à la fois dans son mortier où se pile l'humanité.

J'y verserai mes souvenirs, tendres comme des edelweiss, fragiles aussi, afin qu'ils embaument le tout, avec leur âme frêle et sentimentale.

TABLE DES MATIÈRES

QUATRIÈME PARTIE. — ENTRE RHÔNE ET RHÔNE